山东财政学院学术文丛 2010

组织间信息系统的采纳与治理

刘鲁川　著

中国财政经济出版社

图书在版编目（CIP）数据

组织间信息系统的采纳与治理/刘鲁川著．—北京：中国财政经济出版社，2010.6

（山东财政学院学术文丛．2010）

ISBN 978－7－5095－2122－9

Ⅰ．组…　Ⅱ．刘…　Ⅲ．企业管理－管理信息系统　Ⅳ．F270.7

中国版本图书馆CIP数据核字（2010）第050477号

责任编辑：周桂元　　　　责任校对：张　凡

封面设计：郁　佳　　　　版式设计：汤广才

中国财政经济出版社 出版

URL：http：//www.cfeph.cn

E－mail：cfeph@cfeph.cn

社址：北京市海淀区阜成路甲28号　邮政编码：100142

发行处电话：88190406　财经书店电话：64033436

北京财经印刷厂印刷　　各地新华书店经销

787×960毫米　16开　12.75印张　200 000字

2010年6月第1版　2010年6月北京第1次印刷

定价：23.00元

ISBN 978－7－5095－2122－9/F·1674

（图书出现印装问题，本社负责调换）

本社质量投诉电话：010－88190744

山东财政学院学术文丛 2010

编　委　会

总　序

《山东财政学院学术文丛2010》（以下简称《文丛2010》）是山东财政学院为集中展示山财学人学术研究成果而编辑出版的系列丛书。《文丛2010》的出版，对于落实山东财政学院“学科立校、人才强校、开放兴校、依法治校”的发展战略，繁荣学术研究，加强同学术界的交流等具有十分重要的意义。

始建于1986年、由邓小平同志亲笔题写校名的山东财政学院，是在改革开放的春风中，由财政部和山东省人民政府共同创办、实行以地方管理为主的普通高等财经院校。学校面向全国招生，是国务院学位委员会批准的硕士学位、学士学位授予单位。2009年被立项为博士点规划建设单位。学校目前拥有14个二级学院，43个本科专业，22个硕士学位授权点和MBA、MPA两个专业学位授权点及同等学力申请硕士学位的资格。学校学科门类齐全，已形成以经济学、管理学为主，文、法、理、工等六大学科门类相结合的学科结构。其中财政学、会计学、金融学、企业管理、国际贸易学、管理科学与工程为山东省重点学科，财政学与企业管理为省级重点强化建设学科。在山东省政府确定的“泰山学者”特聘教授设岗学科中，财政学、金融学位列其中。依托于以上优势学科与特色学科，一批批学科带头人与学术骨干脱颖而出，学校也由此成为省内著名、在全国有一定影响的经济学与管理学研究人才高地。

在人才培养方面，山东财政学院广纳全国英才，以“培养基础扎实、知识面宽、业务能力强、综合素质高、具有国际视野的应用型人才”为目标，不断提高教学质量，为社会培养和输送了两万多名优秀毕业生。其中每年都有相当数量的毕业生或被中央机关、国家部委和著名公司录用，或考取名牌高校研究生继续深造。目前山东财政学院的毕业生已得到社会各界的普遍认可，为学校赢得了较高的社会声誉。“学在山财”已成为莘莘学子努力追求的人生目标。

在短短的二十多年间，山东财政学院之所以取得如此辉煌的成就，这既是“求是崇真、博学笃行”的校训与“高标准、严要求、好校风、有特色”办学指导思想得以落实的必然体现，也是学校实施“四大”战略，积极推进以提高教学水平与科研水平为核心的综合改革的必然结果。近年来，为把学校建设成为在国内外有一定影响的多科性高水平特色大学，山东财政学院在启动本科教学质量工程的同时，启动了研究生学位点建设工程，加快推动学科建设与学术研究工作上层次、上水平。围绕这一目标，学校不断优化学术环境，提倡学术民主，创新学术激励机制，遵循“以高制胜、以优立足、以特发展”科研理念，科研工作取得重要突破，并涌现出了一批高水平的学术研究成果。为向外界推介这些学术研究成果，进一步繁荣学术研究事业，学校决定出版《山东财政学院学术文丛2010》。《文丛 2010》就是在这一背景下编辑出版的。

为使《文丛 2010》反映、代表山东财政学院学科建设与学术研究的最高水平，在书稿的遴选过程中，严格学术标准，规范评审程序，采用了校外专家审稿与校学术委员会评审确定的机制，最终确定入选《文丛2010》的书稿。经此严格的筛选，这一部部书稿以其较高的研究水准与学术价值得以入选。应当指出的是，这些书稿不仅集中反映了山东财政学院学术研究的最新成果，而且展现了山东财政学院学人的时代风采。在入选者中，既有名气较大的知名学者，也有砥柱中流的学术中坚，还有崭露头角的学界新秀。在他们中间，或术业有专攻，或名气有大小，或起点有高低，但有一点是共通的：那就是他们在各自的领域内，瞄准学术前沿，不畏路途艰辛，治学严谨，用力勤苦，最终取得了丰硕的研究成果。可以说，这些书稿凝聚了作者多年来潜心学术研究的心血汗水，展现了山财学人勇攀学术高峰的时代风貌。

我们相信，《文丛 2010》的出版不仅在加快学术队伍建设、推动学科建设方面起到重要的作用，而且在加强同学术界的交流、扩大学校的学术影响力等方面也将产生深远的影响。为此，今后我们还将每年遴选 10 部左右的书稿出版，推动山东财政学院学术研究事业繁荣兴盛，薪传不息。

《文丛 2010》的顺利出版，得到中国财政经济出版社的大力支持，张立宪副总编、刘五书先生、林治滨先生等为丛书的出版付出了诸多辛劳，在此我们表示衷心的感谢！在《文丛2010》的出版过程中，山东财政学院校领导高度重视，校科研处精心组织，各位作者积极配合，谨此我们一并表示诚挚的谢意！

《山东财政学院学术文丛2010》编委会

2010年3月22日

前　言

在企业信息化实践的历程中，信息系统经历了由简单到复杂的发展过程，由支持个人业务的简单信息系统（如工资系统、表单处理等）发展到实现功能集成、业务集成、部门集成（如 ERP 等）、直至跨组织集成（如 B2B 电子商务、SCM 等）的渐进复杂的系统；在企业信息化理论研究和发展方面，由于过去只注重企业自身的信息系统开发建设，所以许多信息系统的理论仅仅是围绕着信息系统建设，特别是软件的开发、集成和实施过程展开的。例如，信息系统的建设通常被认为包含系统规划、系统分析、系统设计、系统实施、使用与维护等主要环节。显然，这是面向信息系统开发过程、面向技术实施人员的系统观点和方法。当前的信息化理论，由于人们对信息系统建设、应用和管理过程中人文和社会经济文化等非技术因素重要性认识的加强，其研究的重点也逐步从技术方面转向"以人为本"的人文和社会方面。

近年来，IT/IS 采纳研究日益引起国内外学者的关注。IT/IS 采纳研究关注的是组织及个人对信息技术/信息系统接受、吸收过程中的各类相关问题，其直接动因是对企业信息化实践过程中出现的"IT 黑洞"、"IT 生产率悖论"等信息系统应用不成功现象的反思。信息化的实践表明，再先进的技术要发挥效能的一个基本前提是人们能接受它，信息技术的成功应用不仅仅在于技术本身的先进与否，更关系到人们对它的选择、使用等行为问题的解决。因此，用户 IT/IS 采纳已经成为信息系统领域的一个研究热点。

在个体对信息系统的采纳方面，Davis 于 1989 年提出的技术接受模型（Technology Acceptance Model，TAM）是信息技术采纳研究中最具影响的理论之一。2003 年，Venkatesh 等人整合了 TAM 等 8 个重要的信息技术采纳模型的思想，提出了技术接受使用统一理论模型（Unified Theory of Acceptance and Use of Technology，UTAUT）。国外对 TAM 和 UTAUT 的研究，大多将研究对象聚焦在个人用户对 Windows 操作系统、办公自动化软件、字处理软件、电子邮件以及万维网等的接受上，TAM 和 UTAUT 也被很好的应用于消费者个体对电子商务和移动商务的采纳研究。

组织层面的信息技术采纳研究，一般是建立在 Rogers 的创新扩散理论基础上的。这一理论认为，技术的扩散与采纳受到技术的相对优势、兼容性、复杂度、可试验性和可观察性的影响。在此基础上进行扩展得到的 TOE 模型认为，组织对一项创新技术的采纳受到技术（Technology）、组织（Organization）和环境（Environment）三个维度的影响，但维度间的关系及其内在机理没有很好的予以揭示。

随着现代通信技术，特别是互联网技术的发展，组织间信息系统（Interorganizational System，IOS）被用于企业内外信息的集成管理，信息系统开始跨越组织边界，产生了供应链管理（SCM）、电子数据交换（EDI）、计算机航空订票系统（CRS）、银行间支付结算（CHIPS）等系统。组织间信息系统不但扩展了企业间交易、协调和沟通的范围，也促成了新的组织间关系的形成，甚至使得本来没有直接关系的企业因为组织间信息系统的支持而成为合作伙伴。

组织间信息系统的接受要比组织内的信息系统接受复杂得多。事实上，组织间信息系统是基于资源与能力互补的不同企业，通过计算机和现代通信技术相互连接以实现企业间的信息共享，借助于企业间关系治理结构的协调，相互合作以取得协作优势的企业网络系统。它的采纳、接受、协调、运行、管理等既有别于企业科层也不同于市场调节。它具有许多组织内信息系统所不具备的特性。从国际主流的 MIS 研究期刊的相关文献看，组织间信息系统采纳与治理还没有公认的有足够解释力的研究模型，而针对中国管理情境下的 IOS 采纳理论模型还几乎是空白。

国务院办公厅《关于加快电子商务发展的若干意见》和《2006—2020 年国家信息化发展战略》中反复强调“要重点推进骨干企业电子商务应用，要以产业链为基础，以供应链管理为重点，整合上下游关联企业相关资源，实现企业间业务流程的融合和信息系统的互联互通，推进企业间的电子商务，提高企业群体的市场反应能力和综合竞争力。”要“以企业信息化为基础，以大型重点企业为龙头，通过供应链、客户关系管理等，引导中小企业积极参与，形成完整的电子商务价值链。”然而，在市场经济环境下，骨干企业怎样才能“整合上下游关联企业相关资源，实现企业间业务流程的融合和信息系统的互联互通，推进企业间的电子商务”？大型重点企业又该如何“引导中小企业积极参与，形成完整的电子商务价值链”呢？

上述现实问题，迫切需要我们去探究企业对跨越企业边界的这类特殊的信息系统即IOS的采纳与接受的一般规律。也就是，影响组织间信息系统采纳的因素是什么？组织间信息系统是怎样协调运行的，它的治理机制是什么？组织间信息系统中的成员企业是怎样相互协作获取协作优势的？探究IOS的采纳机理、总结IOS治理的一般规律对推进B2B电子商务，推进企业和行业信息化有着重要的理论和现实意义。

基于上述思考，笔者在中国人民大学攻读博士学位期间，就把“组织间信息系统的采纳与治理”作为了自己博士论文的选题，并得到了我的导师陈禹老师的大力支持。在博士毕业后的两年时间里，又继续进行了相关的文献跟踪、企业访谈和顾问咨询等工作。本书是我博士论文和后续研究的阶段总结（全书结构请见1.4节）。

笔者在研究和撰写过程中，查阅和引用了200多篇国内外学者的参考文献，对多家企业进行了调研和访谈，得到了教育部“2006年电子商务案例调研编写工作”课题的支持，得到了山东财政学院博士科研启动金的资助，在此一并表示诚挚的谢意！

组织间信息系统的采纳与治理是一个崭新的研究课题，在理论研究和实践探索中充满了挑战。限于研究积累粗浅和时间的紧迫，疏漏之处在所难免，本书所做的工作也仅仅是抛砖引玉，诚望各位读者、同行专家批评指正。

刘鲁川

2009年10月于济南金鸡岭

摘　要

国家一再强调要用信息化改造传统产业，要“重点推进骨干企业电子商务应用，以产业链为基础，以供应链管理为重点，整合上下游关联企业相关资源，实现企业间业务流程的融合和信息系统的互联互通”、要“以企业信息化为基础，以大型重点企业为龙头，引导中小企业积极参与，形成完整的电子商务价值链。”然而，在市场经济环境下，骨干企业怎样才能“整合上下游关联企业相关资源，实现企业间业务流程的融合和信息系统的互联互通”？大型重点企业又该如何“引导中小企业积极参与，形成完整的电子商务价值链”？

国外学者定义跨越企业边界、由两个或两个以上企业共享的信息系统为组织间信息系统（Interorganizational Information System，IOIS），或简称作组织间系统（Interorganizational System，IOS），国内也常翻译为“跨组织信息系统”。组织间信息系统是一个很宽泛的概念，它泛指具有以上属性的一类应用系统，eSCM、EDI、B2B 电子商务等都应属于这个范畴。

笔者认为，以上问题的解决，有赖于 IOS 的成功采纳、运行和企业间的合作。为此，首先应当识别影响 IOS 采纳的因素有哪些？其次，由于 IOS 的参与企业都是自治的法人主体，IOS 自然不能像组织内的信息系统那样，依靠企业内的命令链来部署和协调。因此，应当明晰组织间信息系统是怎样协调运行的，它的治理机制是什么？

IT/IS 采纳研究关注的是个人及组织对信息技术接受、吸收过程中的各类相关问题。自 20 世纪 80 年代末，IT/IS 采纳研究日益引起国外学者的关注，而这背后的直接原因是对“IT 黑洞”、“IT 生产率悖论”等信息系统应用不成功现象的反思。信息技术的成功应用不仅仅在于技术本身的先进与否，更关系到人们对它的选择、使用等行为问题的解决。因此，用户 IT/IS 采纳已经成为信息系统领域的一个研究热点。国内学者近年来开始关注 IT/IS 采纳研究，但对组织间信息系统采纳与治理的研究还鲜有所见。

TAM 是迄今为止描述个体 IT 采纳应用最为广泛的模型。TAM 模型把个人接受信息技术的影响因素简洁的概括为感知易用性（Perceived Ease of Use）、感知有用性（Perceived Usefulness）、对技术的态度、使用意图和实际使用等，并建立了描述这些因素之间关系的逻辑结构。即感知易用和感知有用会影响个体使用技术的态度和意向，进而影响其行为；另外，感知易用也会影响感知有用。

TOE 模型是组织信息系统接受的经典框架。组织层面的信息技术采纳研究，一般是建立在 Rogers 的创新扩散理论基础上的。在此基础上进行扩展得到的 TOE 模型认为，组织对一项创新技术的采纳受到技术（Technology）、组织（Organization）和环境（Environment）三方面因素的影响。国外学者也将 TOE 应用到组织间信息系统的采纳研究。

以上模型仅仅关注于采纳的决策行为，然而，即便组织正确地作出了对 IOS 的投资决策，并不一定就能保证 IOS 顺利地成功地运行和应用，而这对企业却是至关重要的。而且，仅仅关注采纳行为，在实践中极易出现只重信息系统投资建设不重运行管理的问题。IOS 采纳的主要挑战是建立企业间新的电子伙伴关系，由于 IOS 采纳研究仍然沿用主要应用于组织内信息系统采纳的 TOE 模型，对企业间电子伙伴关系关注不够，对基于 IOS 的企业间的关系治理机制关注不够。

笔者借鉴面向个体和组织内信息系统采纳的 TAM 和 TOE 等模型的研究成果，通过理论分析、文献梳理，提出了组织间信息系统采纳和治理模型。识别出了影响组织间信息系统采纳和治理，促进企业间合作的主要因素。根据长期对国内两个成功的组织间信息系统的跟踪调研，围绕研究模型和研究假设，采用国际规范的案例研究方法，设计了案例研究方案，进行了嵌入性的多案例研究。案例事实印证了研究模型和假设，并对模型的某些不足进行了补充和修正。

笔者研究表明，企业为了应对环境的不确定性，产生了相互合作以取得协作优势的动机，而这种协作是通过 IOS 相连接和协调的，企业对 IOS 感知的有用性和易用性影响着企业对 IOS 的采纳，由于组织间信息系统不能像企业内部的信息系统那样依靠企业内的命令链来部署和协调，因此，相互合作各方的关系治理结构决定着企业的 IOS 采纳，并协调着 IOS 的运行，协作优势又反馈于组织成为企业在下一个合作周期对 IOS 采纳的因素。

1. 用系统观从企业网络的视角考察组织间信息系统，认为组织间信息系统是基于资源与能力互补的不同企业，通过计算机和现代通信技术相互连接以实现企业间的信息共享，借助于企业间关系治理结构的协调，相互合作以取得协作优势的企业网络系统。强调组织间信息系统是社会技术系统，企业是组织间信息系统的主体，因此，组织间信息系统的成功与否，不仅仅是技术问题，更是企业对它的选择、采纳、吸收和融合等管理问题。强调企业应摒弃“大而全”、“小而全”的思维，专注于自己的核心能力，基于资源与能力互补，通过组织间信息系统相互合作以取得协作优势。强调组织间的信息系统不能像组织内的信息系统那样，依赖企业内的命令链来部署和协调，市场治理结构只能提供企业间短期经济激励，组织间信息系统要借助于企业间关系治理结构的协调。

2. 与经典的 TAM、UTAUT 和 TOE 等模型仅仅关注技术采纳的投资决策行为不同，本书提出的组织间信息系统采纳与治理模型强调采纳的过程观，也就是，既关注组织间信息系统采纳前的决策行为，也重视采纳后系统的治理、运行、管理等持续使用的过程。组织间信息系统采纳的本身就是组织间关系治理结构的构建和接受的过程，就是企业间相互协作的过程，也是组织间信息系统协调运行的过程，组织间信息系统运行的结果又进一步影响着企业对系统的采纳。

3. 通过理论分析和实证研究，从企业对组织间信息系统感知的有用性、易用性、关系治理、协作优势等方面，识别出了利益伙伴的压力、竞争对手的压力、政府的驱动力；企业自身对效率、互惠、响应能力、鲁棒性、多样性等柔性需求；企业的 IT 基础、IT 能力；技术相对优势、兼容性、便利性；成本、企业规模；信任、权力、标准；协作优势、流程优化等因素影响着企业对组织间信息系统的采纳。

4. 通过理论分析和实证研究表明，信任、权力和标准构成了组织间信息系统的主要治理机制。基于以公开的法律约束、公开的监测机制、公开的鉴定机制、公开的反馈机制以及公开的合作规范为主的制度性信任，辅以社会关系的制约与在长期的关系互动中累积起来的集体身份认同为主要特征的关系性信任，加之抵押、担保、退出机制和其他惩罚性措施一起构成了组织间信息系统治理的信任机制。通过信任机制约束企业的行为，减少交易成本，规避机会主义风险。核心企业与骨干企业共同构成了企业网络中的骨干网，骨干网为网络成员提供了创造价值与分享价值的基础平台，同时，核心企业与骨干企业相互合作，利用其影响力和支配力等权力共同对IOS的运行实施监督和激励。标准是组织间信息系统的技术规范和管理规范，是企业间相互作用的一种协调机制，企业之间通过标准实现互联互通和流程优化，相互合作从而产生出网络效应。

5. 企业的IT资源和IT能力影响着组织间信息系统的采纳。具有充分的信息系统基础设施，实现了企业内部各业务部门应用系统建设，并有效完成了企业内部应用系统集成的企业更愿意率先采纳组织间信息系统。企业的IT能力，即企业通过运用和配置自身IT资源以整合组织其他资源的能力，决定着企业对组织间信息系统的采纳程度。笔者通过研究认为，一方面，企业对组织间信息系统的采纳过程也是企业持续学习，不断提高知识存量以克服知识壁垒的过程。因此，针对企业IT能力的不均衡，核心企业可以通过对成员企业的培训等方式以提高其IT/IS接受能力，便于其对组织间信息系统的接受；另一方面，针对成员企业在IT基础设施和能力方面的差异，企业之间的互联互通可以采取不同的形式，企业间流程融合可以渐次深入。换言之，企业间的互联互通未必要等到相关企业内部信息化都达到一致的高水平之后才可以进行。

关键词： 组织间信息系统　IT/IS采纳　IT/IS治理　企业网络　合作共赢

ABSTRACT

China reiterates that IT must be used to rebuild traditional industries, that "stress must be laid on pushing ahead with E-business application of backbone enterprises, based on industry chain, with supply chain management as the key point, integrating relevant resources of the upstream and downstream associated enterprises so as to realize the merging of business process and inter-connection and inter-communication among enterprises", and that "based on enterprise informatization, with large key enterprises as the locomotive, medium and small enterprises are guided to participating actively, forming a complete value chain of E-business". However, under the environment of market economy, how can backbone enterprises integrate relevant resources of the upstream and downstream associated enterprises and realize the merging of business process and inter-connection and inter-communication among enterprises? How can large key enterprises guide medium and small enterprises to participating actively, forming a complete value chain of E-business?

The information system shared by two or more enterprises is called Interorganizational Information System (IOIS), or Interorganizational System (IOS) for short defined by overseas scholars. Interorganizational System (IOS) is a general concept. It generally refers to the application system with the attributes above. eSCM, EDI and B2B E-business all belong to this category. This dissertation thinks that the settlement of those problems listed above depends on successful adoption and operation of IOS as well as cooperation among enterprises. We should first identify the factors which affect IOS Adoption; then, unlike the information system inside an organization, IOS cannot depend on command chain inside an enterprise for deployment and coordination because enterprises participating are all independent legal persons. Therefore, we should make it clear how IOS functions and what its Governance Mechanism is.

IT/IS Adoption Research puts emphasis on various problems related to the receptivity of individuals and organizations to information technology. Since the late 1980s, IT/IS Adoption Research increasingly draws the attention of foreign scholars, and the direct reason is the self-reflection on the unsuccessful application of information systems like "IT Black Hole" and "IT Productivity Paradox". The successful application of information technology has not only depended on whether the technology itself is advanced or not, but on the settlement of such problems as its choice and use. As a result, User IT/IS Adoption has become a hot topic of the information system field. In recent two years, domestic scholars have paid attention to the study of IT/IS Adoption Research, but there are rarely any views of the study of IOS Adoption and Governance.

So far, TAM is the most widely used model for describing individual IT Adoption. TAM model sums up the factors which affect the receptivity of individuals to IT as follows in a simple way: Perceived Ease of Use, Perceived Usefulness, Attitude toward Technology, Purpose of Use and Actual Use, etc. It also establishes the logical structure of describing the relationship between the factors: Perceived Ease of Use and Perceived Usefulness will affect individuals' attitude and intention of using technology and accordingly affect their acts; in addition, Perceived Ease of Use also affects Perceived Usefulness.

TOE model is the classical framework accepted by organizational information system. IT Adoption Research at the organization level is usually based on Innovation Diffusion Theory of Rogers. TOE model which is obtained by extending based on this thinks that adoption of an innovative technology by an organization is affected by the three factors of Technology, Organization and Environment. Overseas scholars also apply TOE to IOS Adoption Research.

The model above only pays attention to the act of decision-making of adoption. However, even if an organization has made the correct decision to invest in IOS, it doesn't guarantee that IOS can be operated and applied successfully while this is the most important. Besides, if attention is only paid to the act of adoption, the problem of only emphasizing investment and construction of information system without laying stress on operation and management is very easy to occur. The main challenge for IOS Adoption is to establish new E-partner relationship among enterprises because IOS Adoption Research still uses TOE model which is mainly applied intra-organizational information system adoption, without sufficient concern for E-partner relationship among enterprises or for governance mechanism of relationship among enterprises based on IOS.

Using the study achievements of the models like TAM and TOE targeted at individual & intra-organizational information system adoption for reference, through theoretical analysis and document citation, the author of this dissertation puts forward IOS Adoption and Governance Model, and identifies the main factors which affect IOS Adoption & Governance and promotes the cooperation among enterprises. Based on long-term tracking investigation of two successful IOS of China, centering on study model and study hypothesis, adopting the internationally standard studying methods of cases, the author designs the solution of case study and carries out embedded multi-case study. The facts of cases confirm the study model and study hypothesis, add supplements and make changes to what is insufficient.

The study of this dissertation indicates as follows: in order to cope with the uncertainty of environment, enterprises produce the motivation of mutual cooperation to obtain the advantage of cooperation while connection and coordination of the cooperation is done through IOS. Perceived Ease of Use and Perceived Usefulness of IOS affect IOS Adoption of enterprises. Unlike the information system inside an organization, IOS cannot depend on command chain inside an enterprise for deployment and coordination, and therefore, the governance structure of the relationship among cooperating parties determines IOS Adoption of enterprises, and coordinates IOS operation. The advantage of cooperation feedbacks to an organization and becomes a factor of IOS Adoption in next cooperation period.

1. Investigated from the perspective of Interfirm Networks with the system view, IOS is considered to be Interfirm Networks System based on enterprises complementary in resources and capacities, which achieve information share

among them through mutual connection with computers and modern communication techniques, and cooperate with one another to obtain the advantage of cooperation with the help of the coordination of the relationship governance structure among enterprises. IOS is emphasized as Social Technology System, and enterprises are the subject of IOS, and therefore, whether IOS can be successful is not only a technical problem but a management problem of enterprises in terms of choice, adoption, receptivity and merging of IOS. It is emphasized that enterprises should reject the thinking of "big and complete" or "small and complete" and devote themselves to their core competence, obtaining the advantage of cooperation through mutual cooperation of IOS, based on complementation of resources and capacities. It is emphasized that unlike the information system inside an organization, IOS cannot depend on command chain inside an enterprise for deployment and coordination, and that the market governance structure can only provide short-term economic stimulation among enterprises and IOS requires the help of the coordination of the relationship governance structure among enterprises.

2. Different from classical models such as TAM, UTAUT and TOE which only show concern for the act of decision making of investment in technology adoption, IOS Adoption and Governance Model put forward in this dissertation lays stress on the process perspectives of adoption, i. e., importance is attached to the act of decision making before IOS Adoption and also to the process of governance, operation and management of system after adoption. It is also believed that IOS itself is the process of construction and receptivity of the inter-organizational relationship governance structure, the process of mutual cooperation among enterprises, also the process of IOS coordination and operation, and the result of IOS operation further affects system adoption of enterprises.

3. Through theoretical analysis and empirical study, from the aspects of IOS Perceived Ease of Use, Perceived Usefulness, relationship governance and the advantage of cooperation of enterprises, it is identified that the pressure of interest partners, the pressure of opponents and the drive of government, flexible requirements of enterprises for efficiency, mutual-benefit, response capability, robustness, diversity, etc, IT basis and IT capability of enterprises, cost,

relative advantage of technology, compatibility, convenience, enterprise scale, trust, power, standard, the advantage of cooperation and other factors affect IOS Adoption of enterprises.

4. With theoretical analysis and empirical study, it is indicated that trust, power and standard constitute the main governance mechanism of IOS. Institutional trust centering on open legal restraint, open monitoring mechanism, open appraisal mechanism and open feedback mechanism and open cooperation standard, together with the check of social relationship as well as relational trust accumulated in long-term relationship interaction with group identity as the main characteristic, plus mortgage, guarantee, withdrawal mechanism and other punitive measures constitutes trust mechanism of IOS Governance. The acts of enterprises are restrained through trust mechanism to reduce dealing cost and elude opportunism risks. Core enterprises and backbone enterprises constitute backbone net of enterprise network, backbone net provides a basis platform for net members to create value and share value, and meanwhile, core enterprises and backbone enterprises cooperate with each other, together exerting supervision and stimulation over IOS operation and implementation by using their influence. Standard is technical standard and management standard of IOS, and a coordination mechanism of enterprise interaction. Enterprises achieve inter-connection & inter-communication and process optimization with standard, and cooperate with one another to produce network effects.

5. IT resources and IT capability of enterprises affect IOS Adoption. Enterprises which have complete information system infrastructure, have achieved the application system construction of every business department inside enterprises, and also have effectively finished the application system integration inside enterprises prefer to take the lead in adopting IOS. IT capability of enterprises, namely the capability of enterprises integrating other resources of organizations by using and distributing their own IT resources, determines the degree of IOS Adoption of enterprises. The study of this dissertation indicates as follows: on the one hand, the process of IOS Adoption of enterprises is also the process of their continuous learning and constantly increasing knowledge so as to break down knowledge barriers. Therefore, aiming at the unbalance of IT capability of

enterprises, core enterprises can improve IT/IS receptivity of member enterprises by training or other means to make IOS Adoption easy for them; on the other hand, aiming at the differences of member enterprises in IT infrastructure and IT capability, enterprises can adopt different forms of inter-connection and inter-communication, and process merging among enterprises can be deepened gradually. In other words, the implementation of inter-connection and inter-communication among enterprises may not necessarily wait for the same high level of informitization of associated enterprises.

Keyword: IOS IT/IS Adoption IT/IS Governance Interfirm Networks Win - Win

目　录

第1章 绪　论

国务院办公厅《关于加快电子商务发展的若干意见》和《2006—2020 年国家信息化发展战略》中反复强调“要重点推进骨干企业电子商务应用，要以产业链为基础，以供应链管理为重点，整合上下游关联企业相关资源，实现企业间业务流程的融合和信息系统的互联互通，推进企业间的电子商务，提高企业群体的市场反应能力和综合竞争力。”要“以企业信息化为基础，以大型重点企业为龙头，通过供应链、客户关系管理等，引导中小企业积极参与，形成完整的电子商务价值链。”然而，在市场经济环境下，骨干企业怎样才能“整合上下游关联企业相关资源，实现企业间业务流程的融合和信息系统的互联互通，推进企业间的电子商务”？大型重点企业又该如何“引导中小企业积极参与，形成完整的电子商务价值链”呢？由此引出本书的研究问题、研究意义、研究方法和技术路线。

1.1　研究背景

耶鲁大学管理学院拜瑞 · J. 内勒巴夫和哈佛商学院亚当 · M. 布兰登勃格于 20 世纪 90 年代中期提出了竞合的概念。他们认为：“创造价值是一个合作过程，而攫取价值自然要通过竞争，这一过程不能孤军奋战，必须要相互依靠，企业要与顾客、供应商、雇员及其他相关人员密切合作。”两位学者首次将 Cooperation 和 Competition 组合成为 Co - competition，其意是：竞争中求合作，合作中有竞争。他们还认为：竞争与合作是不可分割的整体，通过合作中的竞争、竞争中的合作，实现共存共荣，和谐发展，这是企业竞争所追求的最高境界①。

全球经济一体化、顾客需求多元化，使企业所面临的经营环境日趋复杂多变。面对市场环境的不确定性，越发需要企业摒弃“小而全”、“大而全”的经营模式，专注于自己的核心能力，通过资源和能力的互补，与伙伴企业建立合作关系。特别是，通过组织间信息系统的互联互通，实现信息共享，从而节约交易成本，提高运作效率②成为企业的迫切需求。

组织间信息系统（Interorganizational Information System，IOIS）最早作为一个概念被提出来，可以追溯到1966年Kaufman在《哈佛商业评论》上发表的论文——“跨越企业边界的数据系统”③，呼吁经理人员应该考虑跨企业应用信息系统的可能性。Barrett和Konsynski于1982年提出组织间信息共享系统④（Interorganization Information Sharing System）。随后，Cash和Konsynski于1985定义两个或两个以上组织共享的信息系统为组织间的系统（Interorganizational System，IOS）⑤，并以此指代组织间信息系统。由此可见，组织间信息系统是一个很宽泛的概念，它泛指具有以上属性的一类应用系统，eSCM、EDI、B2B电子商务系统等都应属于这个范畴。IOIS和IOS指同一个概念，常常被通用。

组织间信息系统的出现是市场竞争和组织内信息系统不断成长的产物。在欧美发达国家，企业自20世纪60年代应用电子数据处理系统（EDP）进行数据管理，20世纪60年代末开始应用管理信息系统（MIS）、决策支持系统（DSS）进行企业内部的管理，随后又开发了物料需求计划（MRP）、制造资源计划系统（MRPII）、计算机集成制造/管理系统

① ［美］拜瑞·J. 内勒巴夫、亚当·M. 布兰登勃格著：《合作竞争》，安徽人民出版社2000年版。

② Reekers N and Smithson S. EDI in Germany and the UK：strategic and operational use［J］. *European Journal of Information Systems*，1994，3（3），169－178.

③ Kaufman，Felix，Data System That Cross Company Boundaries，*Harvard Business Review*，1966，Jan. 141.

④ Barrett and Konsynski，Interorganization Information Sharing System，*MIS Quarterly* Vol. 6. Special issues，December，1982，93－104.

⑤ Cash，James I，& Konsynski，Benn R，IS Redraws Competitive Boundaries，*Harvard Business Review*，Mar/Apr 1985.

(CIMS)、企业资源计划（ERP）等系统，以进行企业内部信息的集成和全面管理。其根本目的在于，充分利用信息系统进行企业内部流程的优化，管理好企业内部的资源。

但是，企业的运作不仅涉及企业内部，还取决于企业外部资源与环境，特别是企业之间的协调与合作。为了将环境的不确定性与不可控的外部因素内在化，使之在一定程度上变得确定和可控，理顺组织之间的关系，充分发挥企业联盟的作用，从而在市场竞争中占据有利地位，20 世纪 80 年代中叶，组织间信息系统被用于企业内外信息的集成管理，信息系统开始跨越组织边界，产生了供应链管理（SCM）、电子数据交换(EDI)、计算机航空订票系统（CRS）、银行间支付结算（CHIPS）等系统。组织间信息系统不但扩展了企业间交易、协调和沟通的范围，也促成了新的组织间关系的形成，甚至使得本来没有直接关系的企业因为组织间信息系统的支持而成为合作伙伴①。

互联网和电子商务的发展促进了组织间信息系统的应用和发展。传统的组织间信息系统往往采用企业专网或增值网的体系结构，由于其封闭性和较高的运维成本限制了中小企业的采纳。随着互联网的发展，20 世纪 90 年代后期，组织间信息系统开始利用互联网作为数据交换的平台，大大加强了组织间信息系统的兼容性和连通性，加之低成本的网络界面设计技术，使得组织间信息系统更易开发，同时，吸引了中小企业的参与。电子商务的兴起，特别是企业间电子商务的开展，必然寻求组织间信息系统的支持。组织间信息系统使企业获得了新的竞争维度，组织间信息系统正在以其独特的功能改变行业结构、创造新的经营模式、新的组织形式、新的组织间合作与协调方式，甚至在改变竞争规则，组织间信息系统已经成为企业间电子商务的重要基础性要素②。

1.2　研究的问题及意义

以信息化带动工业化，转变经济增长方式，是提高我国国民经济运行

① 刘震宇著：《企业之间的联系与通信》，中国人民大学出版社 2002 年版，第 3 页。

② KENG SIAU, Interorganizational System and Competitive Advantages—Lessons From History, *Journal of Computer Information System*, Fall 2003, 33 – 39.

质量和效率，走新型工业化道路的重大举措，对实现全面建设小康社会的宏伟目标具有十分重要的意义。

为此，2005 年 1 月 8 日，国务院办公厅发布《国务院办公厅关于加快电子商务发展的若干意见》。其中指出："要重点推进骨干企业电子商务应用，要充分发挥骨干企业在采购、销售等方面的带动作用，以产业链为基础，以供应链管理为重点，整合上下游关联企业相关资源，实现企业间业务流程的融合和信息系统的互联互通，推进企业间的电子商务，提高企业群体的市场反应能力和综合竞争力。"2006 年 4 月 21 日，中共中央办公厅、国务院办公厅联合颁发了《2006—2020 年国家信息化发展战略》，并再次强调，"以企业信息化为基础，以大型重点企业为龙头，通过供应链、客户关系管理等，引导中小企业积极参与，形成完整的电子商务价值链。"

然而，骨干企业怎样"整合上下游关联企业相关资源，实现企业间业务流程的融合和信息系统的互联互通，推进企业间的电子商务"？大型重点企业又该如何"引导中小企业积极参与，形成完整的电子商务价值链"？目前并没有系统而清晰的答案。显然，靠行政命令"拉郎配"以实现"互联互通"的"形象工程"、"政绩工程"在市场经济环境下已被证明是行不通的。

本书认为，实现"企业间业务流程的融合和信息系统的互联互通"以及"推进企业间的电子商务，形成完整的电子商务价值链"都有赖于组织间信息系统的成功采纳、运行和企业间的合作。为此，首先应当识别影响组织间信息系统采纳的因素有哪些，其次，由于组织间信息系统的参与企业都是自治的法人主体，组织间信息系统自然不能像组织内的信息系统那样，依赖组织内的命令链来部署和协调。因此，应当明晰组织间信息系统是怎样协调运行的，它的治理机制是什么。

综上，本书要研究的问题可归结为：

1. 影响组织间信息系统采纳的因素是什么？

2. 组织间信息系统是怎样协调运行的，它的治理机制是什么？

3. 组织间信息系统中的成员企业是怎样相互协作获取协作优势的？

无疑，通过理论分析、文献梳理、实证研究，总结归纳出一般性的规律，将对"实现企业间业务流程的融合和信息系统的互联互通，推进企业间的电子商务，形成完整的电子商务价值链"，对企业采纳组织间信息系统，具有指导和借鉴意义。

1.3 研究方法与技术路线

本书遵循实证研究方法。实证研究是目前西方管理学的主流研究范式。实证研究是针对研究问题，通过理论分析和逻辑演绎构造研究模型、提出研究假设，通过对研究对象的调查、观察所获得的案例事实、数据、资料等进行统计分析，确定分析层次，得出变量之间的相互关系和演变规律。针对本书的研究问题，其技术路线如图1-1所示。

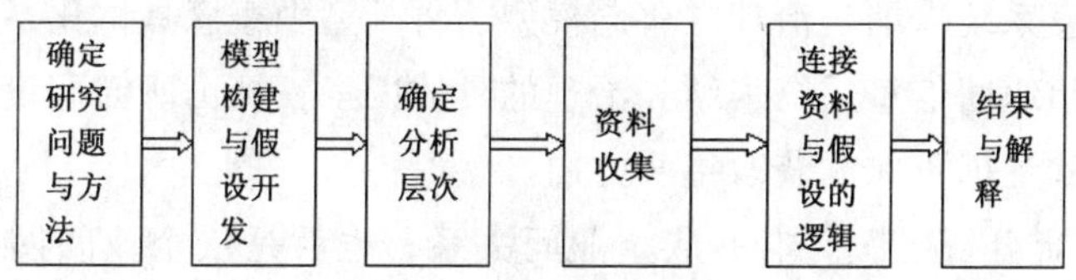

图1-1 研究技术路线

1. 研究问题的确定与方法的选择。从国家和企业都十分关注的企业信息化中，发现既有理论价值又有实践意义的问题进行研究。研究方法的选择出于以下考虑：

Robert K. Yin 指出①：作为研究工具的案例研究是社会科学中实证研究的多种方法之一，其他研究方法还包括：实验、抽样调查、历史分析、档案资料分析等等。每一种研究方法都有其长处与不足，采用何种研究方法，要考虑三个条件：

（1）需要解决问题的类型；

（2）研究者对研究对象的控制能力；

（3）关注的重心是历史现象抑或是当前问题。

一般说来，案例研究适用于以下三种情境：需要回答“怎么样”、“为什么”、“是什么”的问题时，研究者几乎无法控制研究对象时，或者关注的重点是当前现实生活中的实际问题时。

本书采用案例研究方法。首先，本书要研究的问题属于“是什么”、“怎

① 参见［美］Robert K. Yin 著，周海涛主译：《案例研究设计与方法》（第3版），重庆大学出版社2004年版，第1—5页。

么样”的类型,适于采用案例研究方法;其次,在预调研中发现,国内大多数企业还不具备基于组织间信息系统相互协作的特征。大多数企业正处于内部业务数据处理阶段的应用,部分企业正在开始企业内部的信息系统集成,少数先进企业开始尝试通过企业间信息系统的互联互通开展供应链管理和B2B电子商务。这种现实情况为通过统计抽样调查方法进行本书的研究增加了难度;第三,当研究者可以精确的、直接的、系统的控制事件过程时,才可以用实验法。显然,对本书的研究而言,现实事件是不可控的。

2. 概念模型的构建与研究假设开发。借鉴面向个体和组织内信息系统采纳的TAM、UTAUT和TOE等模型，从企业间关系，从企业间网络的视角看待组织间信息系统，通过理论分析、文献引证和逻辑演绎，提出了组织间信息系统采纳与治理的概念模型。将模型中概念具体化，识别出模型中影响组织间信息系统采纳和治理的具体因素，提出研究假设，为分析层次确定和证据资料的获取指明方向。

3. 界定分析层次。本书从企业间关系，也就是从企业间网络的视角看待组织间信息系统，因此，网络中的节点企业是本书的分析单位。为了增加研究的效度，采用多案例研究。本书重点考察了两个企业网络，对每个网络中的多个企业进行调研，对企业内部的不同部门进行调研。因此，本书属于嵌入性的多案例研究。

4. 资料收集与整理。根据研究假设,设计案例研究草案,设计访谈提纲。采用多轮半结构化访谈、查阅企业内部文献、档案记录、直接观察、参与性观察等方式进行实地调查。获取资料类型包括:访谈记录(文字与录音)、企业名录、联系方式、相关数据、图表等。根据研究假设,对资料进行归类整理,即构造映射矩阵,计算、确定资料的呈现方式。

5. 连接资料与假设。将收集整理的证据资料与研究假设模式匹配，逐项复制和跨案例聚类分析，对假设证实或证伪。

6. 结果、结论与启示。对研究结果进行解释，修订模型，得出结论和对策性的启示。

1.4　本书结构

本书共分7章，各章主要内容如下：

第 1 章，也就是本章，主要介绍了本书研究的问题、研究意义、研究方法、技术路线和主要内容安排等。

第 2 章，综述了国内外学者从不同视角对组织间信息系统所作的定义和分类，从中可看出组织间信息系统在企业实践和理论研究中从单纯被视作竞争手段到以此追求企业间合作的转移。介绍了组织间信息系统采纳、基于组织间信息系统的企业间的协作和组织间信息系统的治理结构等方面的部分研究成果。强调企业是组织间信息系统中的重要组成部分，从企业间网络的视角给出了本书对组织间信息系统的定义，即组织间信息系统是基于资源与能力互补的不同企业，通过计算机和现代通信技术相互连接以实现企业间的信息共享，借助于企业间关系治理结构的协调，相互合作以取得协作优势的企业网络系统。

第 3 章，构建了本书对具有企业网络特征的组织间信息系统的理论分析框架。系统观点要求人们把关注的中心从实体转向关系，从部分转向整体，从组分转向结构，从孤立因果链转向相互作用的因果转化网络，即从分析思想转向系统思想。交易成本理论可以部分解释组织间信息系统采纳的原因，即组织间信息系统可以大大减少内部和外部协调成本，提高运作效率，但无法很好地解释组织间信息系统中的企业在非一体化的前提下相互合作的行为。社会网络理论隐含的前提是社会人的假设，认为一切经济行为都嵌入在人际关系网络中，交易行为是在社会互动中做出的，经济生活中还普遍存在着基于信任的交易，而信任的产生则依赖于长期的互动，信任减少了交易成本并促进了企业合作的可能性。

第 4 章，介绍了研究模型与假设。通过理论分析、文献引证，借鉴面向个体和组织内信息系统采纳的 TAM、UTAUT 和 TOE 等模型的研究成果，提出了组织间信息系统采纳和治理的概念模型。认为企业对组织间信息系统感知的有用性、易用性以及对企业间关系治理机制的认同与接受，共同决定了组织间信息系统的采纳和运行；识别出了影响组织间信息系统采纳和治理、影响企业间合作的主要因素，提出了 12 个研究假设。与经典的信息系统采纳模型仅仅关注采纳的决策行为不同，本书的模型强调采纳的过程观，也就是既关注组织间信息系统采纳前的决策行为，也重视采纳后企业间的相互协调、运行、管理等过程。否则，极易出现实践中的只重投资建设，不重运行管理的诟病。笔者认为，组织间信息系统采纳的本身就是组织间关系治理结构的构建和接受的过程，就是企业间相互协作的过程，也是组织间信息系统协调运行的过程，组织间信息系统运行的结果又进一步影响着企业对系统的采纳。

第5章，研究设计与方法。Robert K. Yin 指出，作为研究工具的案例研究是社会科学研究的多种实证方法之一，其他研究方法还包括：实验、抽样调查、历史分析、档案资料分析等等。每一种研究方法都有其长处与不足，采用何种研究方法，取决于研究的具体问题。本书的研究问题适于案例研究方法，所选案例涵盖了组织间信息系统的基本类型，两个系统也都经历了较长时间的实践检验，产生了良好的经济和社会效益，所选案例有足够的典型性和代表性。采用了嵌入性的多案例研究，介绍了受访企业和部门以及证据资料的来源渠道和分析方法，最后是两个案例的梗概呈现。

第6章，案例分析与发现。根据对国内两个成功的组织间信息系统调研所得资料，运用模式匹配、逐项复制和跨案例聚类分析等方法，通过案例事实印证了研究模型和研究假设，发现了影响组织间信息系统采纳、治理与合作的主要因素。由于研究模型和假设构建时，主要考虑的是企业内和企业间的微观环境，在调研和案例分析中发现，政府的政策与支持等宏观因素对企业的组织间信息系统采纳具有重要的作用。用社会网络分析软件 UCINET 对铁路客票代理网络进行了中心性分析，发现发起组织间信息系统的核心企业与骨干企业一起构成了基于组织间信息系统的企业网络中的骨干网，骨干企业在组织间信息系统的治理中起着重要的作用。据此，对研究模型做了补充和修正。

第7章，结论与启示。尝试回答本书的研究问题，得出研究结论和启示，并指出研究的局限性。

1.5 主要创新点

本书研究表明，企业为了应对环境的不确定性，产生了相互合作以取得协作优势的动机，而这种协作是通过 IOS 相连接和协调的，企业对 IOS 感知的有用性和易用性影响着企业对 IOS 的采纳，由于组织间信息系统不能像企业内部的信息系统那样依靠企业内的命令链来部署和协调，因此，相互合作各方的关系治理结构决定着企业的 IOS 采纳，并协调着 IOS 的运行，协作优势又反馈于组织成为企业在下一个合作周期对 IOS 采纳的因素。

1. 用系统观从企业网络的视角考察组织间信息系统，认为组织间信息系统是基于资源与能力互补的不同企业，通过计算机和现代通信技术相互连接以实现企业间的信息共享，借助于企业间关系治理结构的协调，相互合作以取得协作优势的企业网络系统。强调组织间信息系统是社会技术系统，企业是组织间信息系统的主体，因此，组织间信息系统的成功与否，不仅仅是技术问题，更是企业对它的选择、采纳、吸收和融合等管理问题。强调企业应摒弃“大而全”、“小而全” 的思维，专注于自己的核心能力，基于资源与能力互补，通过组织间信息系统相互合作以取得协作优势。强调组织间的信息系统不能像组织内的信息系统那样，依赖企业内的命令链来部署和协调，市场治理结构只能提供企业间短期经济激励，组织间信息系统要借助于企业间关系治理结构的协调。

2. 借鉴面向个体和组织内信息系统采纳的 TAM、UTAUT 和 TOE 等模型的研究成果，提出了组织间信息系统采纳和治理模型。认为企业对组织间信息系统感知的有用性、易用性以及对企业间关系治理机制的认同与接受共同决定了组织间信息系统的采纳和运行。

3. 与经典的 TAM、UTAUT 和 TOE 等模型仅仅关注技术采纳的投资决策行为不同，本书提出的组织间信息系统采纳与治理模型强调采纳的过程观，也就是，既关注组织间信息系统采纳前的决策行为，也重视采纳后系统的治理、运行、管理等过程。否则，极易出现实践中只重投资建设，不重运行管理的诟病。并认为，组织间信息系统采纳的本身就是组织间关系治理结构的构建和接受的过程，就是企业间相互协作的过程，也是组织间信息系统协调运行的过程，组织间信息系统运行的结果又进一步影响着企业对系统的采纳。

4. 通过理论分析和实证研究，从企业对组织间信息系统感知的有用性、易用性、关系治理、协作优势等方面，识别出了利益伙伴的压力、竞争对手的压力、政府的驱动力；企业自身对互惠、效率、响应能力、鲁棒性、多样性等柔性需求；企业的 IT 基础、IT 能力；技术相对优势、兼容性、便利性；成本、企业规模；信任、权力、标准；协作优势、流程优化等因素影响着企业对组织间信息系统的采纳。

5. 通过理论分析和实证研究表明，信任、权力和标准构成了组织间信息系统的主要治理机制。基于以公开的法律约束、公开的监测机制、公开的鉴定机制、公开的反馈机制以及公开的合作规范为主的制度性信任，辅以社会关系的制约与在长期的关系互动中累积起来的集体身份认同为主要特征的关系性信任，加之抵押、担保、退出机制和其他惩罚性措施一起构成了组织间信息系统治理的信任机制。通过信任机制约束企业的行为，减少交易成本，规避机会主义风险。核心企业与骨干企业共同构成了企业网络中的骨干网，骨干网为网络成员提供了创造价值与分享价值的基础平台，同时，核心企业与骨干企业相互合作，利用其影响力和支配力等权力共同对 IOS 的运行实施监督和激励。标准是组织间信息系统的技术规范和管理规范，是企业间相互作用的一种协调机制，企业之间通过标准实现互联互通和流程优化，相互合作从而产生出网络效应。

6. 企业的 IT 资源和 IT 能力影响着组织间信息系统的采纳。具有充分的信息系统基础设施，实现了企业内部各业务部门应用系统建设，并有效完成了企业内部应用系统集成的企业更愿意率先采纳组织间信息系统。企业的 IT 能力，即企业通过运用和配置自身 IT 资源以整合组织其他资源的能力，决定着企业对组织间信息系统的采纳程度。本书研究表明，一方面，企业对组织间信息系统的采纳过程也是企业持续学习，不断提高知识存量以克服知识壁垒的过程。因此，针对企业 IT 能力的不均衡，核心企业可以通过对成员企业的培训等方式以提高其 IT/IS 接受能力，便于其对组织间信息系统的接受；另一方面，针对成员企业在 IT 基础设施和能力方面的差异，企业之间的互联互通可以采取不同的形式，企业间流程融合可以渐次深入。换言之，企业间的互联互通未必要等到相关企业内部信息化都达到一致的高水平之后才可以进行。

第2章 文献综述

本章综述了国内外学者从不同视角对组织间信息系统所作的定义和分类，从中可看出组织间信息系统在企业实践和理论研究中从单纯被视作竞争手段到以此追求企业间合作的转移。介绍了组织间信息系统采纳、基于组织间信息系统的企业间的协作和组织间信息系统的治理结构等方面的部分研究成果。强调企业是组织间信息系统中的重要组成部分，从企业间网络的视角给出了本书对组织间信息系统的定义，即组织间信息系统是基于资源与能力互补的不同企业，通过计算机和现代通信技术相互连接以实现企业间的信息共享，借助于企业间关系治理结构的协调，相互合作以取得协作优势的企业网络系统。

2.1 组织间信息系统定义

信息技术的关键应用之一是它能超越企业边界应用到企业网络中①。组织间信息系统已经成功应用到包括美国航空公司的（American Airlines' Semi Automatic Business Environment Research, SABER）订票系统、美国联合航空公司的 Apollo 订票系统、沃尔玛的电子供应链系统、思科的 eHub 系统以及形形色色的 B2B 电子商务系统中。然而，就像许多耳熟能详的

① McFarian F. W., McKenney J. L, The Information Archipelago - Governing the New World, *Harvard Business Review* Vol. 61, No. 4, 91 - 99.

用语，人们往往不能给出精确的定义一样，对组织间信息系统目前也没有一个统一的定义。

在对组织间信息系统给出定义之前，有必要先来辨析信息系统的定义。

2.1.1 信息系统定义

近年来，一个比较普遍的趋势是用信息系统（Information Systems，IS）代替管理信息系统。尽管国内信息系统学科的教学和研究已有十几年，但信息系统还是常常被片面地理解为计算机硬件和应用软件的集合。全面理解信息系统的内涵对信息系统学科的发展是大有裨益的。

20世纪50年代，西蒙提出管理依赖于信息和决策的思想。1985年，管理信息系统的创始人、明尼苏达大学卡尔森管理学院的著名教授高登·戴维斯（Gordon B. Davis）给出管理信息系统一个较完整的定义：它是利用计算机硬件和软件，手工作业、分析、计划、控制和决策模型，以及数据库的用户——机器系统。它能提供信息，支持企业或组织的运行、管理和决策。

薛华成认为："管理信息系统是一个以人为主导，利用计算机硬件、软件、网络通讯设备以及其他办公设备，对企业经营数据进行全面的收集、传输、加工、存储、更新和维护，产生有利于企业战略、提高效益和效率为目的的信息，支持企业高层决策、中层控制、基层运作的集成化人机系统。"①

陈禹认为②："信息系统是特指在经济或社会的组织中，以满足管理者的信息需求为目标，以计算机和现代通信技术为手段，既包括设备和技术、又包括人员和机构在内的综合系统"。"之所以强调这一点，是因为至今社会上对于信息系统存在着普遍的误解。这就是把信息系统简单地看做是一些设备、一套软件，完全从技术上去理解它。这种误解是许多信息系统建设项目达不到预期效果，甚至中途夭折、完全失败的根本原因。""在信息系统中人是不可或缺的重要因素，信息系统学科中关心的是信息

① 薛华成：《管理信息系统》，清华大学出版社2003年版。

② 陈禹：《信息系统分析与设计》，高等教育出版社2005年版。

技术的应用、控制、评价，而不是信息技术本身的进步。”①

Kenneth C. Laudon 和 Jane P. Laudon 认为②，信息系统可以从技术上被定义为一系列为了支持组织的决策制定和控制与信息收集、处理、存储、分发相关的组成部分。除了支持决策制定、协调和控制，信息系统也帮助经理人员和员工分析问题、使复杂的问题可视化和创造新产品。他们进一步分析道：从商业的视角看，信息系统是基于信息技术、面对环境引发的挑战而采取的组织的和管理的解决方案，他们强调信息系统是一个社会技术系统。

综合以上定义，可以看出，人或者由人构成的组织是信息系统的重要组成部分。而仅仅把信息系统视作计算机硬件和软件集合，可以看作是对信息系统的狭义定义。强调信息系统中人文因素的重要性在于，被国内外理论界和实践界称为“IT 生产率悖论”、“IT 黑洞”等信息系统应用不成功的症结，往往不是源于技术本身，而是信息系统应用过程中组织、管理、人文和社会文化等非技术因素所致。往往是企业没有实现 IT 使能的组织转型，也就是没有实现企业 IS 规划与企业战略规划的匹配，使组织向多层次信息化、网络化的转型。③

2.1.2 组织间信息系统的定义

1966 年，Kaufman 在《哈佛商业评论》上发表的论文——“跨越企业边界的数据系统”，呼吁经理人员应该考虑跨企业应用信息系统的可能性。④

Barrett 和 konsynski 最早尝试界定组织间信息系统，提出组织间信息共享系统（Interorganization Information Sharing System）的概念，将其定义为“使两个或更多组织之间的信息资源，比如硬件、软件、传输设备、

---

① 陈国青、陈禹：《中国高等院校信息系统学科课程体系 2005》，清华大学出版社 2005 年版。

② 参见教育部高等教育司推荐国外优秀信息科学与技术系列教学用书《管理信息系统——网络化企业的组织与技术（第六版 影印版）》，高等教育出版社 2001 年版，第 7—10 页。

③ Henderson, J. C, Venkatraman, N. Strategic Alignment: Leveraging Information Technology for Transforming Organizations J, *IBM Systems Journal*, 1993, 32 (1): 472 - 484.

④ Kaufman, Felix, Data System That Cross Company Boundaries, *Harvard Business Review*, 1966, Jan. 141.

规则和程序、数据、数据库以及经验等得以共享的系统。"①

随后，Barrett 又对其早先的定义进行了修正，用组织间信息系统（Interorganizational Information System）代替了组织间信息共享系统的概念，认为，"组织间信息系统是连接独立组织、并使他们能够共享电子信息处理资源的数据通信和数据处理系统。"②

Cashand 和 Konsynski 于 1985 年定义两个或两个以上组织共享的信息系统为组织间的系统（Interorganizational System，IOS）。③

Johnson 和 Vitale 认为，"组织间信息系统是以信息技术为基础的，建立在便于信息生成、存储、转换和传输的计算机技术和通信技术之上的信息系统，IOS 连接供应商、分销渠道或客户，帮助改进运作效率以获取竞争优势。"④ Johnson 和 Vitale 特别指出，"组织间信息系统不同于组织内部的分布式的信息系统，因为它能够跨越组织边界发送信息。"

Hong 使用了组织间系统（Interorganizational System，IOS）的概念，指"超过传统企业边界的基于网络的信息系统，由于 IOS 使信息能够进入到其他组织，组织边界被重新规定和扩展，以致企业的价值链需要重新设计。"⑤

刘震宇认为，"组织际的信息系统是指跨越组织边界，支持信息在组织之间流动，并被多个组织共享的信息系统。"⑥

以上定义虽然不尽相同，且使用了 IOIS 和 IOS 等不同的称谓，国内在翻译时也使用了"企业间信息系统"、"跨组织信息系统"、"组织际信息系统"等不同的译法，但在以下方面是相同的，即：以计算机为基础，跨越组织边界实现两个或更多个组织间的数据共享。比照前述关于信息系统定义的讨论，除 Hong 的定义之外，其他定义都仅仅强调了组织间信息

---

① Barrett and Konsynski，Interorganization Information Sharing System，*MIS Quarterly* Vol. 6. Special issues，December，1982，93 - 104.

② Barrett，S，An IS case：the closeed loop scenario，*Information and Management*，1985，Vol. 10 No. 5，263 - 269.

③ Cash，James I，& Konsynski，Benn R，IS Redraws Competitive Boundaries，Harvard Business Review，Mar/Apr 1985.

④ Johnson H. R.，Vitale M. R.，Creating competitive advantage with Interorganizational Information System，*MIS Quarterly*，1988，June，153 - 165.

⑤ Hong，I. B.，A New Framework for Interorganizational System Based on the Linkage of Participants' Roles，*Information System Management*，2000，Summer，56 - 59.

⑥ 刘震宇著：《企业之间的联系与通信》，中国人民大学出版社 2002 年版，第 4 页。

系统的技术属性，或者说只是对组织间信息系统的狭义定义。

Hong的定义在组织间信息系统狭义定义的基础上，突出了由此引发的组织变革，即组织间信息系统使得企业的边界得以扩展，企业的价值链需要重新设计。

钟铭在其博士论文中，采用企业间信息系统一词，并将其定义为："企业间信息系统是以信息和通信技术为基础，嵌入在两个或两个以上企业之内，能够支持赋能企业间关系、交易和合作的信息系统。"① 这样，既体现了组织间信息系统的技术属性，同时将过去的定义仅局限于支持买方—卖方之间交换关系的传统的IOIS范围，扩展到包括各种各样类型企业之间信息共享和协作的更广泛的背景，强调IOIS的目的在于支持企业间的合作。

在相关文献中"组织"实际是指具有法人地位、能够独立作出是否采纳IOIS等决策的自治企业。

在前述信息系统的定义中，强调了人和组织是信息系统的重要组成部分。那么，在组织间信息系统中，企业无疑是系统中的重要组成部分，多个企业借此构成了企业间网络。本书认为，组织间信息系统可以有狭义与广义的理解。

狭义的定义特指其技术属性，即组织间信息系统是以信息和通信技术为基础，跨越组织边界，支持信息在组织之间流动，并被多个组织共享的信息系统。

本书这样定义广义的组织间信息系统：组织间信息系统是基于资源与能力互补的不同企业，通过计算机和现代通信技术相互连接以实现企业间的信息共享，借助于企业间关系治理结构的协调，相互合作以取得协作优势的企业网络系统。

与国外大多数学者保持一致，本书用IOS表示组织间信息系统。

组织间信息系统的两种定义是相辅相成的，在不同的语境下是不会混淆的。比如我们说IOS采纳，意指对IOS这种特定技术的采纳，这里提到的IOS是就其狭义定义而言的。当我们谈论IOS的治理、协作时，实际上我们是就特定的企业间网络而言的，也就是说，我们是从组织间信息系统的广义定义而言的。

---

① 钟铭："企业间信息系统模式研究"，大连理工大学博士学位论文2005年，第17页。

2.2 组织间信息系统分类

根据现有文献，可以从多个维度对组织间信息系统进行分类。

2.2.1 基于竞争视角的分类

Barrett 和 Konsynski 根据组织间信息系统参与者在责任、成本承诺（Cost Commitment）和经营环境复杂性等方面的关切程度，把 IOS 划分成 5 个层级①，即：

（1）单一参与企业（Participant）仅仅作为一个或几个远程高层节点的输入输出节点。

（2）若干参与企业（Participants）设计、开发、维护和共享类似于库存查询（Inventory Query System）这样的单一的系统。

（3）若干参与企业（Participants）开发和维护一个将其与其直接商业伙伴相连的网络。

（4）若干参与企业（Participants）开发和共享一个这样的网络，它具有可以为不同类型的参与者们使用的不同的应用系统。

（5）任何数量的低层次的参与者都可以被实时集成以克服复杂的经营环境。

Johnston 和 Vitale 从商业目的（Business Purpose）、参与者关系、信息功能三个维度提出了一个划分 IOS 的框架②。商业目的是指采纳 IOS 的必要性，这可能既是为现有业务寻求支持，也是为了加入到一个新的信息驱动的业务中去。参与者关系是指被 IOS 连接的那些参与者，他们可能是客户、供应商、销售商或竞争对手。信息功能是指 IOS 提供的功能，它可能处理边界交易、分析和共享信息、像操作自己企业内的信息那样操作 IOS 的信息。

---

① Barrett and Konsynski, Interorganization Information Sharing System, *MIS Quarterly* Vol. 6 Special Issues, December, 1982, 93 – 104.

② Johnson H. R., Vitale M. R., Creating competitive advantage with nterorganizational Information System, *MIS Quarterly*, 1988, June, 153 – 165.

Meier 和 Sprague 把 IOS 划分为三类[①]，即：连接制造商、供应商、零售商和顾客的订单系统；替代传统贸易方式的电子市场；在线分销系统。

Hong 基于 IOS 担当的连接角色（水平或垂直的）和对参与者是提供战术的还是战略的支持将其划分为 4 种类型。即：资源共享型（Resource Pooling）、操作协作型（Operational Cooperation）、操作对等型（Operational Coordination）和补充协作型（Complementary Cooperation）[②]。资源共享型的 IOS 通过共享资源共担成本和风险连接参与者执行共同的价值活动；补充协作型的 IOS 为在产业价值链中起不同作用的企业之间提供了一种协作的方式；操作协作型的 IOS 把参与企业置于共同的价值链中，以改进客户服务质量和共享信息；操作对等型的 IOS 用于连接产业价值链中不同参与者以增加运作效率。

Benjamin 等人根据系统功能和治理结构（Governance Structure）两个维度，将 IOS 分为 4 种类型，即：电子层级——交易处理型、电子层级——任务支持型、电子市场——交易处理型和电子市场任务支持型。

Benjamin 等人划分的 4 种类型如表 2－1 所示。

表 2－1　Benjamin 等人划分的组织间信息系统的 4 种类型

	电子层级	电子市场
交易处理	例如，电子数据交换系统	例如，计算机航空售票系统
任务支持	例如，保险业务风险评价系统	例如，公司财务系统

Benjamin 等人认为，从一个组织间信息系统中获得的效益，取决于该系统的类型和如何应用该系统。企业发起建立或加入一个或几个组织间信息系统的原因可能不同。例如，面向市场的组织间信息系统侧重于取得市场上的竞争优势，为此，企业有可能与其原材料供应商一起建立电子数据交换系统，以减少原材料采购成本、保证原材料供应的快速及时；或为支持其产品和服务的差异化竞争战略，而建立或加入与顾客相连的快速订货系统。但无论怎样，建立或加入组织间信息系统就是尽可能地利用 IT 技

① Meier. J. and Sprague. R. H. Jr, The Evolution of Interorganizational System, *Journal of Information Technology*, 1991, Vol. 6, 84－91.

② Hong, I. B., A New Framework for Interorganizational System Based on the Linkage of Participants' Roles, *Information and Management*, 2002, Vol. 39, 261－270.

术来为企业的经营管理服务，从而建立起基于信息系统的战略联盟，以求在战术上提高工作效率与质量、减少成本、加快企业运作过程；在战略上实现资源共享，促进企业之间的协调与合作，从而赢得竞争优势、扩大市场占有率。企业如何利用 IOS 获得竞争优势是 20 世纪 80 年代以来很多学者的研究主题，归纳起来，有三条途径：一是 IOS 能够提供给参与者更大的内部效益；二是 IOS 能够促进参与者之间的效率；三是通过引进转换成本、独特性和减少搜索成本，IOS 可以提升参与者尤其是发起者的议价能力①。

以上分类框架的一个共同点是将 IOS 视作可以取得权力和效率的竞争武器。比如，Johnston 和 Vitale 的分类框架用竞争优势的概念来解释 IOS 的出现和作用，把 IOS 作为锁定客户、支配供应商以提高企业讨价能力的工具；认为在企业自利动机驱使下，一个组织的目标就是对其他组织的依赖最小化，而对自己的依赖最大化。② 显然，这与组织间协作的精神是不一致的。

2.2.2 基于合作视角的分类

Thompson 区分了三种不同的企业间的相互依赖方式③：

（1）共享的相互依赖（Pooled Interdependeney）；

（2）顺序的相互依赖（Sequential Interdependeney）；

（3）互惠的相互依赖（Reciprocal Interdependency）。

在共享的相互依赖中，企业共享和使用共同的资源，每个企业对整体作出贡献，也得到整体的支持，比如为众多企业使用的数据处理中心。顺序地相互依赖是指这样一种情形，众多企业依次以链状相连，此企业的输

① Poter M. E., Millar V. E., How information gives you competitive advantage, *Harvard Business Review*, 1985, 63 (4), 149 - 160.

Konsynski, B. R., and McFarian, E. W., Information Partnership—Shared Data, Shared Scale, *Havard Business Review*, 1990, Sep. - Oct., 114 - 120.

Jelassi, T. and Figon, O., Competing through EDI at Brun Passot: Achievements in France and ambitions for the single European market, *MIS Quarterly*, 1994, Vol. 18, No. 4, 337 - 352.

Powell, T. C., and Dent - Micallef, A. IT as Competitive Advantage: The Role of Human, Business, and Technoledge Resources, *Strategy Management Journal*, 1997 (18: 5), 375 - 405.

② Kumar. K. and Van Dissel, H. G., Sustainable collaboration: managing conflict and cooperation in interorganizational system, *MIS Quarterly*, 1996, Vol. 20, No. 3, 279 - 300.

③ Thompson, J, Organization in Action, McGraw - Hill, New York, NY.

出恰好就是彼企业的输入，比如，供应链中客户与供应商的关系。互惠的相互依赖关系中，每个企业的输出都成为其他所有企业的输入。与此相对应，Kumar. K. 和 Van Dissel 提出了 IOS 的三种类型①：

(1) 共享信息资源的 IOS；

(2) 价值链/供应链的 IOS；

(3) 网络型的 IOS。

他们认为，IOS 是用来为经营组织间关系而设计和实施的众多技术。他们假定关系结构影响到嵌入到 IOS 中的关系程度。

(1) 共享信息资源的 IOS 包括组织间共享一个技术系统，比如共享公共数据库、通信网、应用软件、共同的通信协议和标准（例如，EDI、XML）、共同的应用系统（比如，数据/文本挖掘系统）和包括结合了一些公共数据库、应用程序、通信基础设施的电子市场。CISCO 公司的 eHub 是这类应用的一个典型案例。eHub 是一个电子市场，参与者可以共享使用 XML 标准的外部基础设施和把供应链的信息汇集起来以便于计划和执行任务的中央知识库。②

(2) 价值链/供应链的 IOS 支持结构化或半结构化的客户——供应商关系，沃尔玛的协作预测补货（CFAR）系统是这方面的一个范例。CFAR 是一个基于互联网的 EDI 系统，它既允许供销双方联合制订包括预期的变更储存计划等信息的销售预测，也包括诸如天气预报等信息。③ 它使企业间顺序的互相依赖关系制度化。

(3) 网络型的 IOS 操作和实施企业间互惠的相互依赖关系，提供人们相互协作和学习的共享的虚拟空间。④ 支持半结构化或非结构化知识的非正式交流，互联网上的一些社区、论坛等属于这个范畴。⑤

基于合作的视角，从组织间信息系统的协调和集成作用考虑，还可将

---

① Kumar. K. and Van Dissel, H. G., Sustainable collaboration: managing conflict and cooperation in interorganizational system, *MIS Quarterly*, 1996, Vol. 20, No. 3, 279 - 300.

② Grosvenor, F. and Austin, T. A. Cisco's eHub intiative, *Supply Chain Management Review*, July/August, 28 - 35.

③ King, J., Share IS Secrects, *Computerworld*, 1996, Vol. 30, No. 39, Sep. 23.

④ Nonka, T. and Konno, N. The concept of 'Ba' Building a foundation for knowledge creation, *California Management Review*, 1998, Vol. 40 No. 3, 40 - 55.

⑤ Payton, F. C. and Brenna, P. F., How a community health information network is really used, *Communation of the ACM*, Vol. 42, No. 12, 85 - 91.

其分为水平的、垂直的和交叉的[①]：

（1）水平的。IOS 在水平方向的作用主要表现在为完成共同的价值活动而进行的相互连结。这种连结可以理解为 IOS 连结同质的组织，以支持它们之间的合作。这里的同质组织是指具有同质产品或服务并在共同业务与市场上运作的组织。这些组织在水平方向上的联结，产生了竞争者之间的伙伴关系和联盟，目的是取得规模经济效益，并在水平方向上降低交易成本。比如，美国若干家航空公司共用的 APOLLO 和 SABER 订票系统；信用卡公司与航空公司经 IOS 连接以提供里程奖励；百货公司与信用卡公司、供货商、配送服务商等结成伙伴，建立共享的信息系统等。这种“信息伙伴关系”最初是在共享软件与硬件的投资，以减少潜在风险的思维驱动下产生的。另外，同行业企业间的合作可以使用户界面标准化，减少用户的学习成本。战略联盟的思维是促使企业通过组织间信息系统互联互通而提高水平方向上的联系强度的主要动机。

（2）垂直的。IOS 在垂直方向的作用主要表现在不同角色的组织为实现产品或服务增值而进行的联结。美国医疗供应有限公司的 AHSC 系统连接的就是药品制造商、医院等卫生行业的组织；SABER 订票系统在垂直方向联结航空公司与旅行代理商等。此时，IOS 联结的是异质组织和多种价值链上的企业，每个企业在 IOS 中扮演的角色是不同的，通过优势互补达到互惠互利的目的。

（3）交叉的。该种类型的组织间信息系统兼具水平和垂直两方面的特点。在这种情形下，纵向联合而产生的差异化使能的效益与横向合作资源使能的激励相结合。比如，航空公司的 APOLLO 和 SABER 订票系统就既有横向又有水平方向的联结；银行之间以及银行与其他企业之间通过组织间信息系统相连也是这方面的典型范例。图 2－1 总结了上述的讨论。

2.2.3 按 IOS 使用的技术分类

从 IOS 的技术属性看，其构成要素中硬件、软件、网络等可能是专有的、非标准的技术，也可能是通用的、标准的技术。因此，在技术层面上可以将 IOS 分为传统的专网的 IOS 和基于 Internet 的 IOS 两种类型。

---

① Hong and Kim, Toward a new framework for interorganizational system: a network configuration perspective, 1060－3425/98, *1998 IEEE.*

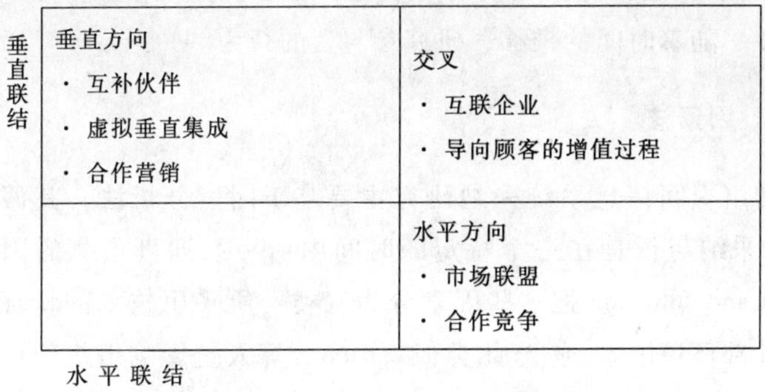

垂直联结	垂直方向 · 互补伙伴 · 虚拟垂直集成 · 合作营销	交叉 · 互联企业 · 导向顾客的增值过程
		水平方向 · 市场联盟 · 合作竞争
	水平联结	

图2-1　组织间信息系统的一种分类框架

传统的IOS一般采用专有的、非标准的网络和协议。往往利用增值网（Value Added Netwioks，VAN）作为数据交换的网络，其数据传输标准、协议等都是独特的。美国航空公司的SABER订票系统、美国医疗供应有限公司的AHSC系统等属于这一类。

基于Internet的IOS利用互联网作为支撑，网络传输采取TCP/IP等协议，信息系统之间可以采用WebServices等技术相联接。20世纪90年代后，基于Internet的IOS开始兴起，提高了兼容性和连通性，但安全性还是一大隐忧。

2.2.4　其他分类方法

IOS还可以从组织层面按发起者角色划分、按所有权构成划分；按应用领域等划分。

钟铭和王延章在“企业间信息系统定义和分类研究”一文中从三个层面，利用不同的维度，详细列举了IOS的分类方法和主要类型，揭示了IOS的部分特点。①

2.3　组织间信息系统的采纳

归纳现有文献，对IOS采纳因素的研究主要有静态因素法和动态过程

① 钟铭、王延章：“企业间信息系统的定义和分类研究”，《大连理工大学学报（社会科学版）》，2004年第4期，第68—71页。

法。因素法试图识别那些导致采纳的静态因素，而过程法聚焦于采纳和实施的动态性，随着时间的推移，研究参与者的行为。[①]

2.3.1 因素法

早期的组织间信息系统采纳研究主要基于因素分析法，其假设前提是，IOS 的采纳与否是在一个特定的时间内由一系列可预测的因素决定的。Kurnia and Johnston 把这些因素分为三类：所采用技术的特征、组织的能力和外部环境因素。[②] 与此类似，Kumar 等人把影响组织间信息系统采纳的因素归结为：技术因素、组织内因素和组织间因素。[③④⑤]

（1）技术因素。技术因素包括与技术使用相关的问题，例如，网络安全、系统集成、系统移植、数据转换以及硬件和软件兼容性等。[⑥]

（2）组织内因素。研究表明，企业不热衷 EDI 的原因可能是由于对潜在的利益缺乏了解，因为组织间信息系统涉及伙伴企业间的复杂运营，缺乏适当的培训可能有碍用户实现其潜在价值。[⑦⑧] 而且，为了使供应链运营达到最优化，IOS 的有效实施需要重新设计企业的业务流程，如

① Cooper, R. B. and Zmud, R. W., Information Technology Implementation Research: A Technology Diffusion Approach, *Management Science*, 1990, 36 (2), 123 - 139.

② Kurnia S., Johnston R. B., The need for a processual view of interorganizational systems adoption. [J], *Journal Strategic Information System*, 2000, 9, 295 - 319.

③ Kumar, R. L., Cook, C. W., A multi - disciplinary framework for the management of interorganizational system, *Database for Advances in information system*, 1999, 30 (1), 22 - 37.

④ Iacovou, C., Benbasat, I., and Dexter, A., Electronic Data Interchange and small organizations: adopt and impact of technology. *MIS Quarterly*, 1995, 465 - 485.

⑤ Premkumar G., and Ramamurthy K., The role of interoganizational and organizational factors on the decision mode for adoption of interorganizational system, *Decision Sciences*, 1995, Vol. 26, No. 3, 303 - 335.

⑥ Jones, M. C. and Beatty, R. C., Towards the development of measures of perceived benifita and compatibility of EDI: A comparative assessment of competing first order factor models, *European Journal of information systems*, 1998, July, 210 - 220.

⑦ Iacovou, C., Benbasat, I., and Dexter, A., Electronic Data Interchange and small organizations: adopt and impact of technology. *MIS Quarterly*, 1995, 465 - 485.

⑧ Arunachalam V., EDI: An Analysis of Adoption, Uses, Benefits and Barriers, *Journal of System Management*, 1995, March/April, 60 - 70.

果供应链的独特过程与其合作伙伴的流程不兼容，这将是十分困难的。①②③

（3）组织间因素。组织间因素也就是外部环境的因素。已有的研究识别出竞争压力、权力、信任和文化等对企业采纳IOS的影响。在稳定的行业里，企业采纳IOS进行协作的动机是很小的，因为环境不是很复杂，还没有威胁到企业的生存。④ 权力的影响作用表现在，市场上，具有强大地位的买方可以影响贸易伙伴，强迫他们接受IOS。⑤ 信任和文化等对企业采纳IOS的影响也有许多文献进行了论述。⑥⑦

因素分析法的优点是，适宜于用实证方法静态地分析变量之间的关系。因此，许多研究者应用这种方法从经济、社会学和技术角度总结了组织间信息系统的采纳的各种影响因素，如表2-2所示。

表2-2　　组织间信息系统采纳的静态因素法分析

经济因素	社会因素	技术因素
系统投资专用性	参与企业的信任程度	技术成熟度
环境不确定性	权力、合作的重要性	建设和维护成本
信息控制	文化差异	可靠性、安全性
对关键资源的控制权	竞争对手的压力	系统复杂程度

① Clark, T. H., D. B. Stoddard, Interorganizational Business Process Redesign: Merging Technological and Process Innovation, *Journal of Management Information System*, 1996, 13, 2, 9-28.

② Kambil A., Short J. E., Electronic integration and business network redesign, *Journal of Management Information System*, 1994, 10, 4.

③ Lee, H. G. and Clark, T. H., Market process reengineering through Electronic Market System: Opportunities and Challenges, *Journal of Management Information System*, 1996-1997, winter, 13 (3), 113-136.

④ Peekers N. and Smithson S., The role of EDI in interorganizational coordination in the European Automotive Industry, *European Journal of Information System*, 1996, 5, 120-130.

⑤ Hart, P. J., and Saunders, C. S., Power and Trust: Critical Factors in the Adoption and Use of Electronic Data Interchange, *Organization Science*, 1997, Jan. -Feb., (8: 1), 23-42.

⑥ Martin Grossman, The Role of Trust and Collaboration in the Internet-enabled Supply Chain, *Journal of American Academy of Business*, Cambridge Hollywood: Sep 2004. Vol. 5, Iss. 1/2, 391-396.

⑦ Helle Zinner Henriksen, Motivators for IOS Adoption in Denmark, *Journal of Electronic Commerce in Organizations*. Hershey: Apr-Jun 2006. Vol. 4, Iss. 2, 25-39.

2.3.2　过程法

与因素法不同，过程法不再把组织间信息系统的采纳视作静态某一时刻相关因素作用的结果，而是将其看做一个复杂的动态的过程。① 它是采纳者、环境和技术相互作用的结果，并且这种相互作用随着时间的推进在不断变化。首先，过程法不仅仅把 IOS 发起者或核心企业作为研究对象，而是把核心企业及其组织间关系环境作为研究对象，这是因为，现代企业的竞争不仅仅是企业之间的竞争，而是供应链之间的竞争，是企业网络之间的竞争。组织间信息系统正是承载这种合作关系的平台，它的采纳是由核心企业及其参与企业共同决定的，评价其成功与否需要考虑所有参与企业的目标利益是否得以实现。其次，过程法强调因素的动态变化过程，即不仅考虑因素对采纳者的影响，还要考虑采纳者对外部因素的影响。现在的因素法只是分析了 t 阶段的静态采纳因果关系，动态过程法要 t 阶段组织间信息系统采纳各方的合作结果，作为 t+1 阶段组织间信息系统采纳的影响因素。②

由于过程法研究组织间信息系统的采纳，需要考察企业及其组织环境，也就是要考察组织间信息系统使能的多个企业间的相互作用，以及由多个节点企业构成的企业网络与外部环境的相互作用，并将此作为各节点企业在 t+1 阶段是否采纳组织间信息系统的动态因素，这给研究带来了难度，研究文献也较少。目前在为数不多的采用过程法研究的文献中，大多采用定性研究，通过实证建模的研究还鲜有所见。

2.4　组织间信息系统的关系治理结构

组织间信息系统对企业之间关系的影响，主要表现在对企业间合作与协调关系的作用上。基于组织间信息系统的协作已经成为今天商业环境下

---

① Kurnia S. , Johnston R. B. A review of approaches to EC – enabled IOS adoption studies A. *Proceeding of the* 35*th* *Hawai International Conference on System Science* C. Hawaii：IEEE press，2002.

② 张耕、刘震宇："组织际信息系统采用研究的动态观"，《信息系统协会中国分会第一届学术年会论文集——中国信息系统研究与应用前沿》，清华大学出版社 2005 年版，第 132—135 页。

的一个主要趋势①，围绕着组织间信息系统的治理结构，现有研究成果包括：

2.4.1 电子市场假设

电子市场假设（Electronic Market Hypothesis）主要论点是，因为组织间信息系统能够减少外部交易成本，因此使得市场交易更具吸引力，“减少协调成本而没有改变其他任何事情的结果是在通过市场协调进行活动所占比例的增加。”② 很多学者都对此观点表示认同。③④⑤

2.4.2 电子层级假设

电子层级假设（Electronic Hierarchies Hypothesis）的主要论点是：组织间信息系统有助于层级而不是市场。理论和实际证据促使人们相信，企业将使用IOS同他们的贸易伙伴建立更紧密的关系，而不是在逐项交易的基础上，从大量的备选供应商中作出选择。⑥⑦

2.4.3 混合模式

混合模式假设（Mixed Mode Hypothesis）认为，IOS可以支持任何治理结构。“实质上，组织间信息系统使组织能够更有效的、更柔性的做他

---

① Martin Grossman., The Role of Trust and Collaboration in the Internet - enabled Supply Chain, *Journal of American Academy of Business*, Cambridge Hollywood: Sep 2004. Vol. 5, Iss. 1/2, 391 - 396.

② Malone, T. W., Yates, J., and Benjamin R. L., Electronic markets and electronic hierarchies, *Communication of the ACM*, June, 1987, 30, 6, 484 - 497.

③ Brynjolfsson, E., T., W. Malone, V. Gurbaxani, A, Kambil, Does Information Technology Lead to Smaller Firms? *Management Science*, 1993, 40 (12), 1628 - 1645.

④ Malone, T. W., & Rockart, J. F., Information Technology and the new organization, *Proceedinga of the Hawaii International Conference on System Science*, 1992, 636 - 643.

⑤ Malone, T. W., Yates, J., and Benjamin R. L., Electronic markets and electronic hierarchies, *Communication of the ACM*, June, 1987, 30, 6, 484 - 497.

⑥ Steinfield C., Kraut R., Plummer A., The impact of interorganizational networks on buyer - seller relationships, *Journal of Computer - Mediated Communication*, 1999, 1, 3.

⑦ Johnston, Russell and P. R. Lawerence, Beyond Vertical Intergration—the Rise of the Value Added Partnership, *Harvard Business Review*, 1988, July - Aug., 94 - 101.

们想做的任何事”。[①②] IOS 应用将有利于市场、层级还是其他中间的或混合的形式，在目前的文献中产生了不一致的结论。这也反映了组织间信息系统发展的不同阶段。而且，不同类型的组织间信息系统其治理结构可能也不尽相同。

2.5 组织间信息系统的协作优势

组织间信息系统的协作优势表现在给参与企业带来的利益、效率、柔性、流程变革等方面。

Mukhopadhyay and Kekre 认为，企业利用 IOS 可以获得经营（operational）利益和战略利益，经营利益来自于手工处理工作量的减少、数据处理的精确性和管理费用的减少等；战略利益来自于通过 IOS 与伙伴形成的密切关系和因改善企业的竞争地位而产生的长期利益。[③]

Malone 等人认为，组织间信息系统广泛应用于协调经济活动会引起以下三种效应[④]：一是电子通信效应，由于组织间信息系统可以增加通信效率，而使信息处理成本降低；二是电子经纪效应（electronic brokerage effect），由于组织间信息系统可以增加产品选择的数量，以及增加所选择产品的质量，从而可以减少产品选择过程的成本；第三是电子集成效应，组织间信息系统可以使供应商和客户之间的连接变得更加紧密。

Sokol，Aggarwal 等人的研究表明，企业实施 EDI 可以获得直接的和间接的利益。直接的利益是指实施 EDI 的眼前利益，比如，手工业务交易成本的减少、信息交换和处理速度的提高、库存的降低、现金流的改善、信息质量的提高；间接利益需要在较长的时间内才能获得，比如，及

① Holland, C., Lockett, G.,: Mixed Mode Operation of Electronic Markets and hierarchies, in Ebers, M. (Hrsg): *Proceedings of the workshop on "Interorganizational Networks: Strucures and Processes"*, Berlin, Sep. 1993; Paderborn 1994, S., 523 – 552.

② Kurnia S., Johnston R. B. A review of approaches to EC – enabled IOS adoption studies A. *Proceeding of the* 35th *Hawai International Conference on System Science* C. Hawaii: IEEE press, 2002.

③ Mukhopadhyay, Triads; Kekre, Sunder., Strategic and operational benefits of Electronic intergration in B2B procurement processes, *Management Science*, 2002, Vol. 48 Issus 10, 1301 – 1313.

④ Malone, T. W., Yates, J., and Benjamin R. L., Electronic markets and electronic hierarchies, *Communication of the ACM*, June, 1987, 30, 6, 484 – 497.

时的信息有助于更好的决策，有助于改善伙伴关系、有助于客服水平的提高、有助于竞争能力的增强。[①②]

有学者从组织柔性的视角对IOS进行研究，研究表明，企业的确在使用IOS中得到了柔性，通过IOS提高了组织的效率、提高了企业快速反应的能力，提高了多样性（versatility）和鲁棒性。[③]

Jason Dedrick，Kenneth L. Kraemer 等人关注于IOS对产业结构的影响，认为，一如组织内部的IT/IS吸收可以引发组织内的流程重组、减少管理层级，组织间的IOS采纳可以优化价值链，提高整个价值链的流程效率。[④]

2.6 国内研究进展

以上对组织间信息系统的研究成果做了简单的回顾，特别是，围绕着本书感兴趣的组织间信息系统的采纳、关系治理和协作优势方面的成果做了介绍。从文献来源看，绝大多数都来自国外。这是因为，目前国内在组织间信息系统方面的研究才刚刚起步，组织间信息系统在国内还没成为一个专门的研究主题，研究还不够深入。

国内2000年后有学者开始从事组织间信息系统相关的研究。刘震宇在国内首先介绍了“组织际信息系统（Interorganizational Information System，简称作IOS）”的概念，从组织际信息系统的定义与分类、特点与作用、成本与效益等方面综述了国外组织间信息系统的研究状况[⑤]；仲伟

---

① Sokol, P. K. *From EDI to Electronic Commerce: A Business Initiative*, McGraw - Hill: New York, 1995.

② Aggarwal, R., Rezaee, Z. and Soni, R., Internal control considerations for global electronic data interchange, *International Journal of Commerce and Management*, 1998, Vol. 8, Nos 3/4, 71 - 84.

③ WILLIAM GOLDEN & PHILIP POWELL, Interorganizational information Systems as Enablers of organizational Flexibility, *Technology Analysis & Strateggic Management*, Vol. 16, No. 3, 299 - 325, SEP. 2004.

④ Jason Dedrick & Kenneth L. kraemer, The Impacts of IT on Firm and Industry Structure, *California Management Review* VOL. 47, No. 3, Spring 2005.

⑤ 刘震宇：“组织际信息系统及其经济分析的若干进展”，《科技导报》，2000年第5期，第17—20页。

俊、陶青和梅姝娥研究了企业间电子商务的战略规划问题[①]，作者首先从应用企业间电子商务增强企业竞争力的角度出发，提出了企业间电子商务战略规划的目标，然后，提出了包括九步的企业间电子商务战略规划方法并结合实际背景进行了验证；袁斌和唐跃军从交易成本、关系稳定、迅速反应、大规模订制和组织再造等五个方面分析供应链上跨组织系统的效用[②]；严建援和徐斌根据对南开大学台湾班 MBA 学员的问卷调查所得到的数据，进行了跨组织信息系统对合作组织之间关系影响的实证研究[③]；王颖和王方华研究了跨组织信息系统对组织结构的影响[④]；钟铭以“企业间信息系统的模式研究”为题的博士论文，从企业间信息系统的技术模式、组织模式、集成模式、参与者权力模式等方面对企业间信息系统进行了研究。但是，应当看到，利用实证研究的方法，结合中国的国情进行识别组织间信息系统的采纳因素、治理机制等方面的研究还鲜有所见。

---

① 仲伟俊、陶青、梅姝娥：“企业间电子商务的战略规划方法研究”，《管理科学学学报》，2002 年第 2 期，第 22—28 页。

② 袁斌、唐跃军：“供应链上跨组织系统的效用分析”，《工业技术经济》，2004 年第 23 卷第 1 期，第 81—84 页。

③ 严建援、徐斌：“跨组织信息系统对合作组织之间关系的影响”，《中国软科学》，2005 年第 3 期，第 117—125 页。

④ 王颖、王方华：“跨组织信息系统的组织结构效应研究”，《情报杂志》，2006 年第 2 期，第 46—51 页。

第3章
理　论　基　础

系统观点要求人们把关注的中心从实体转向关系，从部分转向整体，从组分转向结构，从孤立因果链转向相互作用的因果转化网络，即从分析思想转向系统思想。交易成本理论可以部分解释组织间信息系统采纳的原因，即组织间信息系统可以大大减少内部和外部协调成本，提高运作效率，但无法很好地解释组织间信息系统中的企业在非一体化的前提下相互合作的行为。社会网络理论隐含的前提是社会人的假设，该理论认为一切经济行为都嵌入在人际关系网络中，交易行为是在社会互动中实施并完成的。经济生活中还普遍存在着基于信任的交易，而信任的产生则依赖于长期的互动，信任减少了交易成本并促进了企业合作的可能性。以上理论构成了本书对具有企业网络特征的组织间信息系统的理论分析框架。

3.1　复杂适应系统（CAS）理论

3.1.1　复杂性科学与思维范式

兴起于20世纪80年代的复杂性科学被誉为继相对论、量子力学后第三次科学革命，它是从传统分析方法的局限性中发展出来的一种新的世界观和方法论，是人类历史上又一次科学范式的大变革。[①]

① 冯彦杰、王浣尘著：《复杂性科学研究进展》，科学出版社2004年版，第15页。

系统观点要求人们把关注的中心从实体转向关系，从部分转向整体，从组分转向结构，从孤立因果链转向相互作用的因果转化网络，即从分析思想转向系统思想。如贝塔郎菲所说：这就意味着科学思维基本方向的转变。提倡系统论并不意味着全盘否定还原论，在现代系统论看来，任何系统都是可分与不可分、还原与非还原的对立统一。

复杂性科学从以下方面为我们提供了科学研究的新范式①：

1. 整体性。即从整体来观察研究一个复杂的体系。过去的三个世纪以来，西方科学思想的主要倾向是还原论。的确，“分析”这个词在最广泛的范围中被使用，这种情况清楚地表明，科学家习惯上是毫无怀疑地把一个问题拿来进行分解，然后再解释它。但是，有些问题只能通过综合才能解决。它们在性质上是综合的或“整体的”。一幅钢丝锯的图画，就像报纸上由众多小点组成的人的面部图像一样，只能在更高一层的结构层面上才能够看得出来，单凭一个个的锯齿是看不出锯来的。这就是说，整体大于其部分的总合。当事务变得复杂后，它将具有整体性。例如，当细胞聚在一起后形成了组织、器官和生命。正是因为分解、分析与合成的还原论方法遇到了局限性，把握整体的整体性思维成为新的科学研究范式。

2. 涌现。多个个体的自发的行为会产生集合体的整体规则，涌现是系统的本质特征，也是复杂性区别于简单性的根本标志。系统由要素构成，要素之间的非线性相互作用所具有的非加和性使系统发生了质的超越和新功能的突现。这种新的质是各要素在孤立状态下所没有的。因为个体的自发行为而导致的整体的组成系统或产生结构的能力被称为涌现。在系统内部（而不是外部强加的）产生高级系统和复杂结构的能力被称为自组织。

3. 自组织。系统科学理论认为，自组织、涌现与系统密不可分，自组织是指系统无需外界指令而能自行组织、自行创生、自行演化，即自主地从无序走向有序。哈肯（Haken，H.）指出，“如果系统在获得空间的、时间的或功能的结构过程中，没有外界的特定干预，我们便说系统是自组织的。这里的“特定”一词是指那种结构和功能并非特别指定的方

① ［美］米歇尔·沃尔德罗普著，陈玲译：《复杂——诞生于秩序与混沌边缘的科学》，生活·读书·新知三联书店1997年版，第419页。

式作用于系统的”。①

从效果上看，自组织与他组织现象一样，都是系统达到了一定的目的，都是实现了某种确定的状态。而它们之间的根本区别在于：系统出现新状态、形成新功能、达到一定目的的原因不同。对于他组织，出现这些现象的原因在于系统之外，自组织则不同，所以出现组织结构，其直接原因在于系统的内部，与外界无关。如物种的进化，它是由系统内部的遗传和突变功能造成的。

当然，一个系统必然与外界联系，每个系统的演化也都是在一定外界环境中进行的。仅从系统组织起来的原因（是外界提供的还是内部产生的）来确定系统是他组织还是自组织是不够的。可以说，内因决定了系统演化（发生质变）所得到的组织的形式、状态及性质等，外因决定系统组织进程能否实现。哲学上将此说法规范为：“外因是事物变化的条件，内因是事物变化的根据。”外因和内因两者缺一不可。在自组织问题上，要研究系统内部机制，也要分析外界条件，同样是外界条件与系统机制共同决定了自组织系统的性质。

4. 相干性。相干性可理解为各元素之间的反馈强烈程度，相干性激发了自组织。如何才能找到激发自组织和涌现的最好途径呢？普利高津曾指出，系统产生自组织需要三个条件：首先，系统是开放的，允许与外界进行能量、信息、物质的交换；其次，系统是动态的远离平衡态的；第三，系统中存在反馈。为了使第三个条件成立，必须发展系统中的信息共享机制，因为系统可以作为一个整体产生相干性。组织间信息系统中的节点企业其利益共享正是通过信息共享实现的。

5. 共同演化。整体和部分共同演化，部分之间是相互作用和影响的，从而激发了部分之间的共同演化，部分和整体的共同演化。组织间信息系统中的参与企业，其关系也是互惠互利、共同演化、共同发展的关系，那种靠锁定参与者、挤压参与者利润的做法是不可取的，也是不能长久的。

3.1.2 复杂适应系统理论

复杂适应系统（Complex Adaptive Systems，CAS）理论②是因遗传算

① 张培林等：《自然辩证法简明教程》，科学出版社1998年版，第10页。

② ［美］霍兰·约翰著，周晓牧等译：《隐秩序——适应性造就复杂性》，上海科技教育出版社2001年版。

法而享有盛名的 J. 霍兰教授于 1994 年在美国圣菲研究所成立 10 周年时正式提出的。美国圣菲研究所（Santa Fe Institute，SFI）是目前复杂性科学研究的圣地。该研究所是在美国 Los Alamos 国家实验室的数位资深物理学家和诺贝尔奖获得者 Murray Gell - Mann 的倡导下于 1984 年建立的。SFI 旨在将传统科学方法与现代计算机技术结合起来，进行多学科的复杂系统研究。

所谓复杂适应系统，是指系统与外部环境交互作用的过程中，通过自适应改变系统本身的组织结构和行为特点，从而不断向前发展和演化。CAS 理论将组成系统的元素视为具有适应性的主体（Adaptive Agent），简称主体。所谓具有适应性，是指它能够与环境以及其他主体进行交互作用，在这种交互的过程中不断“学习”或“积累经验”，并根据学到的经验改变自身结构和行为方式。整个宏观系统的演化，包括新层次的产生、分化和多样性的出现，新的、经聚合而成的、更大的主体的出现等等，都是在这个基础上逐步派生出来的。

1. CAS 具有的特征。Gell - Mann 认为复杂适应系统应具有以下特征①：

（1）系统是开放的，即与其环境有能量、信息和物质交换；

（2）系统能识别其动态过程中的一些规律性；

（3）系统将无规律的信息作为随机信息处理（大多信息确实如此）；

（4）系统具有记忆、学习和产生对策的能力。

Levin② 认为复杂适应系统是一个由多种异质成分组成的聚合体，其结构和功能来源于两个过程的相对均衡：一是多种力量使系统不断产生组成成分的多样性，二是系统在局部相互作用主导下对这一多样性进行筛选。复杂适应系统的主要特征是自组织过程（即小尺度上的局部相互作用导致大尺度上有序性的产生），而这种自组织过程往往由于不同的历史事件而产生多种不同的结果。

Levin 指出，复杂适应系统具有四大要素：异质性、非线性、等级结构和流，它们是系统产生自组织行为的根本原因。也就是说，系统通常是

---

① Gell - Mann, M., *The Quark and the Jaguar: Adventures in the Simple and the Complex.* W. H. Freeman and Company, New York. (1994).

② Levin, S. A Fragile Dominion: *Complexity and the Commons.* Perseus Books, Reading., 1999.

通过异质成分间非线性作用而自组织成等级结构，而这一结构又支配组成成分间的能量、物质和信息流，同时也受其影响。因此，复杂适应系统最本质的特性是自组织性；通过自组织，系统的整体属性由局部成分间的非线性相互作用产生，而系统又能通过反馈作用或增加新的限制条件来影响成分间相互作用关系的进一步发展。因此，自组织过程包括“旧约束”的破除和“新秩序”的建立。在复杂适应系统中，“破除”引发“重建”，有序出自无序。这种自组织性不是系统“自上而下”的“预定目标”，而是由于组成成分之间相互作用产生的“自下而上”的集体效应所不可避免的结果。

2. 适应性产生复杂性。复杂适应系统理论回答了复杂性产生的机制，强调主体行为是系统进化的根本动因，其核心思想是“适应性产生复杂性”。这可从以下四个方面来说明：

（1）主体是主动的、活的实体。这是 CAS 理论与其他建模方法的重要区别。这个特点使它能够有效地应用于社会、经济、生态、军事等复杂系统。

（2）主体与环境之间（包括主体之间）的相互影响和作用，是系统演化的主要动力。CAS 理论强调个体是整体的基础，并非指孤立的、单独的个体是整体的基础。如果是这样，就又回到了还原论的观点去了。个体的相互作用才是整体的基础。当 CAS 理论强调“整体大于部分之和”的时候，指的正是这种相互作用带来的“增值”。复杂系统的丰富多彩行为正是来源于这种“增值”。相互作用越强，系统进化过程越加复杂多变。

（3）把宏观和微观有机地联系起来。极端的还原论观点把宏观现象的原因简单地归结为微观，否认从微观到宏观存在着质的增加。另一种比较普遍的观念是：把统计科学方法作为从微观向宏观过渡的唯一途径或唯一手段，应当承认，基于概率论的统计方法确实是从微观到宏观的重要桥梁之一。宏观系统的某些属性可以理解为微观个体的某些统计量。当个体没有主动性（如气体中的分子）时，它们的运动和相互关系的确只要用统计方法加以处理就行了。支配这样的系统的，确实主要是统计规律。然而，如果个体是“活的”，有主动性和适应性，以前的经历会“固化”到它的内部，那么它的运动和变化，就不再是一般统计方法所能描述的。

（4）引进了随机因素的作用，使它具有更强的描述和表达能力。考虑随机因素并不是CAS理论所独有的特征。然而CAS理论处理随机因素的方法是很特别的。它从生物界的许多现象中吸取了有益的启示，其集中表现为遗传算法。

3. CAS的特性与机制。围绕着CAS中主体的概念，霍兰进一步提出了研究适应和演化过程中的四个特性和三个机制：

(1) 聚集（特性）。聚集是指个体通过黏着形成较大的多主体的聚集体。由于个体具有这样的属性，它们可以在双方接受的条件下，组成新的聚集体，在系统中像一个单独的个体那样行动。在复杂系统的演化中，较小的、较低层次的个体通过特定的形式结合起来，形成较大的、较高层次的个体，这是十分重要的步骤，这是在宏观上涌现出新的形态的转折点。

(2) 标识（特性）。在聚集的过程中，主体与主体之间有可以识别的机制。标识能够促进选择性的相互作用，它允许主体在一些不易分辨的主体或目标中进行选择。设置良好的标识为筛选、合作提供了合理的基础。组织间信息系统中的节点企业选择也不是随意的，CAS的这一特性为企业间既相互合作又各自独立承担风险和责任的企业间网络关系具有指导意义。

(3) 非线性（特性）。非线性是指个体自身属性的变化以及个体之间的相互作用并非遵从简单的线性关系。线性关系是简单的可叠加的，在CAS中主体相互作用，主体与外部环境交互影响，个体的主动性和适应性是非线性的根源。

(4) 流（特性）。在主体与环境之间存在物质、能量和信息的交流，这些流的渠道是否畅通直接影响系统的演化过程。

(5) 多样性（特性）。组成系统的主体是多样的。组织间信息系统中的节点企业也是规模不一、能力与资源互补的。

(6) 内部模型（机制）。在CAS中，不同层次都有其未来预期的能力，每个主体都是有其复杂的内部机制，这些统称为内部模型。主体的内部模型是在主体适应外部环境中建立的，主体接受外部刺激，作出反应，调整自身的结构。最终，结构的变化必须是主体能够预知再次遇到该情形时主体应当如何应对。

(7) 积木（机制）。积木机制就是面临新的复杂环境时，通过自然选择和学习，并被证明是行之有效的重新组合元素，从而产生新的综合物，也就是新的解决办法的机制。如果新的综合物行之有效，可以成为新的积木，纳入内部模型。积木机制避免了主体从大量杂乱无章的数据中去寻找有用信息的繁重工作。使用积木生成内部模型是复杂适应系统的一个普遍特征。

通过对CAS理论的简单介绍，比照CAS的特征，可以得出经济系统是复杂适应系统的结论，从而引导人们从新的角度、采用新的研究方法对待现实的问题。就本书的研究对象而言，构成组织间信息系统的各个组织是各自独立的具有不同标识的“活的”主体，他们有各自的利益，有各自采纳组织间信息系统的动机。他们具有多样性的特征，不同的资源禀赋和能力是他们合作的基础。正是由于他们之间的相互影响、相互适应、相互博弈、相互合作，使他们通过组织间的信息系统聚集在一起，形成了信息伙伴关系，进而以非产权一体化的自组织的企业网络形式协调运转，涌现出整个企业网络的整体绩效。而这是建立在交易成本理论基础上的传统企业理论不能完全解释得了的。

3.2 交易成本理论

3.2.1 分工与协作

以亚当·斯密为代表的古典思想精髓是人类生产活动的专业化分工。这恰恰也是规模报酬递增规律的根本原因，规模经济的本质实际上就是专业化经济。亚当·斯密在《国民财富的性质和原因的研究》一书中开篇就分析了劳动分工，并指出“分工是国民财富增进的源泉”。他认为一国国民财富积累首要的也是最重要的原因是劳动生产率的提高，而劳动生产率的最大提高则是由于分工的结果。他认为“劳动生产力上最大的改进，以及运用劳动时所表现的更大的熟练、技巧和判断力，似乎都是劳动分工的结果”。斯密不仅一般论述了采取分工生产的方式可以提高劳动生产率，而且，深入分析了产生分工效率的原因。他将分工分为三种：一是企业内分工；二是企业间分工，即企业间劳动和生产的专业化；三是产业分工或社会分工。正是因为这种分工，产业集群才会具有无论是单个企业还是整个市场都无法具备的效率优势，过细分工和市场分工都有一系列弊端。而产业集群保证了分工与专业化的效率，与此同时还能将分工与专业化进一步深化，反过来又促进了产业集群的发展，因此，通过深化专业分工，并在分工的基础上建立密切合作关系，可以使所有的企业竞争力得以提高，从而提升产业集群竞争力[①]。而产业集群是企业间网络的一种表现形式[②]。

纵观人类经济发展的历史，分工提高生产效率几乎是不言自明的事实。在古典经济学家那里，分工问题从来居于经济理论的核心地位。各国经济发展水平之争实际上是生产模式的效率之争，而生产模式的效率之争最终还是通过分工水平的差异表现出来。因此，有理由认为，用分工水平解释和比较不同生产模式的效率将是有说服力的。但值得注意的是，劳动分工这一内生的过程既可以发生在企业内部，导致企业内部新工种、新的生产部门的产生，也可以发生在企业与企业之间，某一新的生产环节会分离出去成为一个独立的专业化的企业。由此可见，劳动分工的深化所带来的生产效率的提高，是分工经济的一条普遍原理。

3.2.2　交易成本的概念

1991 年，诺贝尔经济学奖颁给了奠定新制度经济学理论基础的科斯（Ronald H. Coase），交易成本理论是科斯 1937 年提出的。

任何社会的生产过程不仅是一种人与自然的技术关系，而且是人与人之间的交往和合作。因此，在生产过程中不仅存在与技术效率有关的直接转化成本，而且还存在因为人与人之间的利益冲突而产生的成本。前者通常称为生产成本，后者就是新制度经济学所指的交易成本。

科斯认为[③]，交易成本是获得准确的市场信息所需付出的成本以及谈判和经常性契约的成本。在科斯看来，交易成本至少包括两项内容：

（1）运用价格机制的成本。即在交易中发现相对价格的成本。其中包括获取和处理市场信息的费用；

（2）为完成市场交易而进行的谈判和监督履约的费用。其中包括谈判、订立合约、执行合约并付诸法律规范因而必须支付的有关费用。

---

① 陈柳钦："分工协作、交易费用与产业集群"，《西华大学学报（哲学社会科学版）》，2006 年第 5 期，第 34—39 页。

② 刘东等：《企业网络论》，中国人民大学出版社 2003 年版，第 22 页。

③ 卢现祥：《新制度经济学》，中国发展出版社 1996 年版，第 7—8 页。

此外，科斯认为，交易成本还包括由未来不确定性风险而引致的费用，以及度量、界定和保护产权的费用。

交易成本在企业生产总费用中占有很大的比例，且在不断增加。威廉姆森（Williamson，Oliver）把高比例交易成本的决定因素归纳为①：

（1）契约人的行为假设。即契约人面对外界不确定性、复杂性时有限理性的不足假设与机会主义行为倾向假设；

（2）交易过程的三个维度的特性：资产专用性、交易的不确定性及交易频率。这两组因素导致交易活动的不确定性和复杂性，使交易成本增加，使某种制度安排和交易方式的选择成为必要。

3.2.3 企业的本质与边界

科斯认为，企业和市场是两种可互相替代的协调生产、配置资源的方式。企业的产生和发展是市场交易的一种内化，这种内化尽管会带来管理成本，但可以节省市场交易成本。企业产生的原因在于通过企业而不是通过市场协调生产可以降低交易成本，具体地说，企业的要素在一定程度上服从企业家的支配，从而大大减少了需要签订的契约，减少了交易成本。企业与市场的边界就在于管理成本和交易成本的边际值相等之点。

科斯认为，企业是作为市场的替代物而产生的，并通过形成一个组织来管理资源，可以节约市场运行成本。他进一步认为，在企业外部靠市场价格机制协调控制生产，在企业内部，由于交易被取消，市场交易的复杂过程和结构将由企业内部的管理者来代替控制生产，这些都是协调生产过程的不同方式，本质上是一样的。

威廉姆森等提出的纵向一体化假说，将企业看成是连续的生产过程之间纵向一体化的实体。纵向一体化假说的出发点是要素所有者投入生产的资产具有专用性。资产的专用性使某种特定的资产只适用于某个特定的用途，将它改做别的用途是不可能的，或者会产生很高的成本。资产专用性带来的问题在于，如果要素供应商与下游生产商都是独立经营者的话，供应商的专门化投资不可能仅仅是满足当前交易的需要，而是基于对未来长期交易的预期。而一旦上游供应商对专用性资产做了投资，下游生产商就会以停止交易为威胁，最大程度地榨取供应商的剩余。这种机会主义行为

① 卢现祥：《新制度经济学》，中国发展出版社1996年版，第10—11页。

使投资的专用性程度越高，风险就越大，最终造成专用性资产的投资不足，损失了经济效率。解决这一问题的方法是一体化治理，即将某要素的供应者和购买者合并为一个企业中，用纵向一体化的企业来代替直接交换产品的市场。在现实生活中，资产专用性的情况是很普遍的。例如劳动者发展的从事某项专门工作的技能也是一种专用性资产。

威廉姆森等人用交易成本理论对企业的纵向联合现象给出了经典解释。他们认为，纵向联合的根本原因仍然是节约现有的和潜在的交易成本。交易成本主要是由资产专用性和人的机会主义倾向产生的。资产专用性产生了运用这种资产的企业对某个特定生产过程或某种原料的依赖性。这种依赖性越强，受到的机会主义威胁就越大，企业一体化的动机就越强烈。一体化既可以看做企业规模、边界的扩大的过程，也可以看做不断将原来属于市场交易关系的活动内化为企业内部活动的过程。

3.2.4 交易成本理论在组织间信息系统中的应用

一些应用交易成本理论对组织间信息系统的研究，试图研究组织间信息系统对交易结构的影响。Malone 等①从交易成本经济学的观点出发，认为信息技术降低了信息的协调成本，组织间的交易机制需要建立不同类型的组织间信息系统来加以支持。他们根据威廉姆森所提出的市场和层级（企业）的两种交易机制，划分出“电子层级”和“电子市场”两种组织间信息系统，并指出，影响企业采纳的主要因素是协调成本和生产成本多寡的对比。Clemons 认为，组织间信息系统能够降低协调成本和机会主义行为的风险，更加有利于企业间合作行为的建立。② Gurbaxan 和 Whang 研究了外部协调成本、内部协调成本和运作成本，证明组织间信息系统大大减少了内部和外部协调成本，提高了运作效率。③ 因此，不管是电子市场还是电子层级结构都会得到广泛应用。

交易成本理论论证了组织间信息系统的形成，其不足之处是只关注成

① Malone, T. W., Yates, J., and Benjamin R. L., Electronic markets and electronic hierarchies, *Communication of the ACM*, June, 1987, 30, 6, 484 - 497.

② Clemons, E. and Reddi, S., Some proposition regarding the role of information technology in the organization of economic activity, *Hwaii International Conference on System Science*, Vol. 4, Maui IEEE Compute Society Press, 1993.

③ Gurbaxan, V. and S. Whang, The Impact of Information System on Organization and Markets, *Communication of the ACM*, 34 (1) 1991, 59 - 73.

本的最小化，忽视了组织关系中如社会因素、行为因素等的影响，不能很好地解释组织间信息系统的关系治理和协调。同时，交易成本理论也无法解释组织间信息系统中的企业在非一体化的前提下相互合作的行为。

3.3 组织理论与企业间网络

根据交易成本理论，企业是配置资源的一种协调机制，企业是一组要素的合约，是就人力资本这种要素的交易达成的合约[①②]。同时，企业作为一种组织，其形态也在不断发展变化着。

3.3.1 组织的概念和特征

尽管科斯阐述了企业的性质、边界，但并没有明确地回答企业是什么。

在管理思想史上，韦伯（Max Weber）由于提出了官僚集权组织概念而被称为组织理论之父。在《社会经济组织理论》一书中，他将组织界定为："一种通过规则，对外来者的加入既封闭又限制的社会关系。"[③]

巴纳德（C. I. Barnard）在其1938年出版的《经理人员的职能》一书中，提出了组织协作理论，提供了组织如何工作的见解，强调合作是个人和组织成功的途径。"组织是将两个或两个以上人的活动或力量加以有意识的协调的系统。"巴纳德将组织看做一个开放的系统，而且引入整体主义的分析思想，认为组织和组织中的所有人都是寻求平衡的系统，强调内部平衡和外部适应的思想[④]。

西蒙（H. A. Simon）是从决策过程去理解组织的，他认为，"组织指的是一个人类群体当中的信息沟通与相互关系的复杂模式。它向每个成员提供其决策所需的大量信息，许多决策前提、目标和态度；它还向每个

① 张五常著：《企业的契约性质》，商务印书馆2000年版，第20页。

② 周其仁："市场里的企业：一个人力资本与非人力资本的特别合约"，《经济研究》，1996年第6期。

③ 孙耀君著：《西方管理思想史》，山西人民出版社1997年版，第8页。

④ ［美］C. I. 巴纳德著：《经理人员的职能》，中国社会科学出版社1997年版，第91—97页。

成员提供稳定的、可以理解的预见，使他们能够料到其他成员会做哪些事，其他人对自己的言行将会做什么反应。"①西蒙提出了有限理性的学说，将组织中的个体作为"管理人"来研究，通过研究组织中个人决策、组织决策来研究组织行为。

从古典组织理论中的机械组织观，到巴纳德的协作系统，再到西蒙的决策中心的组织存在，一个共同的特征便是系统性在组织性质、组织界定中的作用日益凸显，可以说组织的系统特性是组织的根本特性。组织经历了一个由简单、机械、封闭、静态、线性、保守、非适应到有机、开放、动态、非线性、复杂适应系统的演变过程②。

3.3.2 组织的转型

作为开放的复杂适应系统的企业组织，随着环境的变化，环境中的不确定性因素与复杂性特征不断加强，企业为了生存发展，必须适应环境的变化，重视与环境的互动。企业组织转型是更好的适应环境的过程。

1. 外部环境的影响因素。外部环境是组织变革的重要影响因素，主要表现在环境的不确定性。环境的不确定性是由两方面因素构成的：一是环境的复杂性，既包括环境系统的构成要素状况及其之间的关系，也包括组织对环境复杂性的判断及其与组织复杂性的匹配程度；二是环境的剧变性，即环境系统中各构成要素是否变化以及对各种变化的预见性有多大。环境的不确定性要求组织进行相应的调整、变化甚至转型以适应环境的要求。企业组织从层级式的职能组织到矩阵组织、战略联盟、企业间网络都是适应环境的结果。

企业组织的外部环境包括法律政策环境、科学技术环境、市场产业环境以及社会文化环境等诸多因素。

2. 内部环境的影响因素。企业组织内部环境变化，主要是指员工需求、心态和行为方式的变化。这些与外部环境中社会文化因素有密切的关系。组织经营业绩状况、组织战略、组织效率、组织规模、人力资源状况等都成为组织转型的内部影响因素。

3. 环境对企业组织发展的影响。企业组织深受环境的影响，企业组

---

① ［美］赫伯特·A. 西蒙著：《管理行为》，机械工业出版社 2004 年版，第 4 页。

② 林润辉著：《网络组织与企业高成长》，南开大学出版社 2004 年版，第 10 页。

织转型的一个根本动因是环境适应性。环境对企业组织发展的影响可以从以下方面进行考察，即环境对企业组织的影响和环境对企业间关系的影响。

（1）环境对单个企业的影响。环境对企业的组织结构产生影响。环境特性深深影响着组织结构的复杂性、规范性和集权性，不同的环境需要不同的组织结构与之匹配。另外，环境还进一步影响基于组织结构上的组织形态，影响组织的内部管理关系。当环境的不确定性和复杂性降低时，组织偏向于机械型，反之，组织趋于有机型。

（2）环境对企业间关系的影响。环境本身就是由其他组织组成的，或者说其他组织是组织环境的重要组成部分之一。Oliver Christine 定义企业组织间关系是在两个或多个企业之间出现的、相对持久的资源交易、资源流动和资源联结[①]。Richard 通过一个竞争/合作和组织类型相似度的二维框架，归纳了相关的组织理论对企业间关系的分析，如图3－1所示。

单体的企业在运作过程中越来越意识到竞争以外的合作对于企业组织生存发展的意义，纷纷尝试新的组织关系以应对环境的不确定性、复杂性和反应速度的要求。于是，越来越多的企业把自己看作是一个组织生态系统、组织群、企业网络的一个组成部分，从而打破了原来单个企业的边界。环境对单体企业的影响会延伸到企业间关系，会通过企业网络中企业结点来影响企业间网络。[②]

组织关系	组织类型	不相似	相似
	竞争	资源依赖	群体生态
	合作	合作网络	制度主义

图3－1　组织关系的框架

资料来源：Richard L. Daft, *Organization Theory Design*，东北财经大学出版社1998年英文版，第98页。

① Oliver Christine, Determinants of Interorganizational Relationships: Intergration and Future Directions, *Academy of Management Review* 15 (1990), 241－265.

② 林润辉著：《网络组织与企业高成长》，南开大学出版社2004年版，第16—25页。

3.3.3 企业间网络

企业间网络又称作企业网络、网络组织、中间性组织等。企业网络是介于科层和市场之间的组织形态，目前还没有关于企业网络的统一的定义，安娜·格兰多里（Anna Grandori）定义企业网络“为一组拥有不同偏好和资源，通过一系列机制协调的企业组织形式”。[①] 彼得·史密斯·林（Peter Smith Ring）认为，企业网络是建立在“关系契约”基础之上的，是拥有互补性能力和资源的参与者之间所形成的完全相互关联的长期存在的关系网。[②]

一般认为，企业网络的主要表现形式包括：虚拟企业、战略联盟、供应链协调、企业集群等。[③]

1. 企业间网络的演进[④]。组织的产生与发展源于时代的要求。然而，“我们早已脱离了工业时代，我们的企业模式却还植根在那个时代”。[⑤] 即使到了信息社会，许多企业也还沿用着按亚当·斯密所描述的管理原则而建立起来的企业模式，即企业组织被视为垂直型结构。随着网络经济时代的到来，企业间的竞争异常激烈，传统的科层组织的弊端也日益暴露出来。在企业内部，由于遵循等级链及跳板原则，组织的横向协调与沟通较为困难，限制了员工的积极性。网络组织超越了长期以来组织创新仅仅是在集权与分权的范围内兜圈子的思维惯性，它试图通过现代网络通信技术把“看得见的手”与“看不见的手”在一个组织中并用，以消除科层组织的僵化和臃肿，提升组织的反应能力及运作效率。而这一组织模式的构建机理则可以追溯到科斯的交易成本理论，即把市场与企业看作由交易成本决定的相互竞争和相互替代的两种组织制度安排。钱德勒从技术依赖角度考察了企业存在的原因后认为，当企业的管理协调成本较低时，管理者“看得见的手”就取代了市场这只“看不见的手”。

① ［美］安娜·格兰多里著：《企业网络：组织和产业竞争力》，中国人民大学出版社 2005 年版，第 3 页。

② ［美］安娜·格兰多里著：《企业网络：组织和产业竞争力》，中国人民大学出版社 2005 年版，第 5 页。

③ 刘东等著：《企业网络论》，中国人民大学出版社 2003 年版，第 22 页。

④ 李维安等著：《网络组织——组织发展新趋势》，经济科学出版社 2003 年版，第 33—35 页。

⑤ ［美］高哈特等著：《企业蜕变》，经济管理出版社 1998 年版，第 5 页。

坎德·兰逊（Rikard Larsson）建议用市场、组织间协调和科层组织的三级制度替代传统的市场与科层制度框架，它形象地把组织间的协调称为“握手”。他认为，在较低的内化成本和行为者之间信任程度低的情况下，不确定性、交易频率及特定资源依赖程度越高，这些资源依赖越可能由“看得见的手”所协调；在较低的外在化成本情况下，不确定性、交易频率和特定资源依赖程度越低，这些资源依赖越可能采用市场“看不见的手”所协调；在较低的召集成本和较高的内化成本或行为者之间信任程度高的情况下，不确定性、交易频率和特定资源依赖程度越高，资源依赖的协调越可能由作为企业间契约的网络来协调。即通过“看得见的手”、“看不见的手”和“握手”来协调网络组织关系。如表3－1所示。

表3－1　市场、组织间协调和科层组织适用环境的因素比较

制度安排	市场	组织间协调	科层组织
隐喻	看不见的手	握手	看得见的手
内在化成本	高	高	低
外在化成本	低	低	高
行为者信任度	低	高	低
不确定性	低	高	高
交易频率	低	高	高
特定资源依赖度	低	高	高
召集成本	—	低	—

网络组织突破了长期以来进行组织创新时只注重组织内部结构调整的思维定式，将企业的经济活动放到更加现实和更为广阔的背景下来探讨企业间的相互联结的网络安排模式及其运作机制。其分析的重点从原来的注重对企业活动的边界、企业与市场相互之间的最佳组合，以及对企业科层组织形式的选择等，转向了对企业内部和外部能够诱导和实际存在的各种各样交互作用的网络关系的研究上来。它不仅着眼于如何削减交易成本，而且正视现实中跨组织边界的技术条件与经营实践。

2. 企业间网络的特征。

(1) 非一体化下的合作。企业的有形边界是由劳动合同覆盖范围决定的。[①] 一体化既可以看做是企业规模、企业边界扩大的过程，也可以看做是不断将原来属于市场交易的活动内化为企业内部活动的过程。非一体化是将企业内交易外化为企业间的交易。从理论上看，一体化过程是要素契约代替商品契约和劳务交易契约的过程。非一体化经营的发展是适应新经济发展要求的产物，其有效性主要表现在[②]：

强化核心能力和比较优势，实现超分工组合。以往企业之间是根据加工制造行业的特点和产品来分工。在企业内部，从设计开发到生产、物流、销售，从头至尾执行一个完整的流程。但是各个企业在以上诸环节上的效率不可能都是最高的，因此，有了新的社会分工的要求，将原来用于不同产品或服务上的分工原则，进一步运用于同一产品或服务的分工上来。它打破了原有的完整的生产模式，将流程中的各环节进一步分解，企业只专注于具有核心能力的部分，而其他部分分解到更有效率的企业承担。因而，它是一次超越已有分工模式的、更细、更特殊的社会分工。

解决大企业的管理问题。为了追求规模效应，企业规模就有不断扩大的趋势。但又不可避免地遇到组织规模过大带来的管理成本过高的问题，层级制的缺点已被人认识，扁平化的构造依然受到管理跨度的限制，难以承受大企业的运作。交易成本理论对企业边界的划分原则依然有效。这就是，企业是否把某一部分活动留在其内部，要将因为保留这项活动所增加的管理成本，与将其置于其他企业而需支付的交易成本作比较。非一体化生产方式正是合乎这一原则的选择。

有利于进一步发展规模经营，增进效率。非一体化形成的企业之间的超分工组合，有利于各个相关企业享受不同层次的规模经营效益。有利于优化资源配置，参与全球竞争。

企业网络组织存在的目的就是要发挥网络组织结点的创造性与潜力，达到协作创新的目标。

(2) 组织间协调与治理。“网络是企业和市场的替代。网络的核心特

① 周其仁：“市场里的企业：一个人力资本与非人力资本的特别合约”，《经济研究》，1996年第6期。

② 刘东等著：《企业网络论》，中国人民大学出版社2003年版，第15—17页。

征是一系列协调机制，这不仅仅包括价格、退出机制和外部规则。”①

塞巴斯蒂安诺·布鲁斯科（Sebastiano Brusco）② 通过研究，列出了组织间网络成功合作的一系列游戏规则：一是“谨慎”规则，即通过法律以使自己免受极端依赖合作伙伴的风险；二是“信任”规则，即禁止通过欺诈手段获取利益；三是“惩罚”规则，即避免对其他合作伙伴有价值资源的浪费。

格兰多里和纳里（Grandori and Neri）③ 发现了“规则”和“惯例”的重要性，这些“规则”和“惯例”具有产业、场所和伙伴关系的专用性特征。同时，格兰多里和纳里还强调了博弈和谈判作为网络协调机制的重要性以及特定环境条件对合作行为选择和实现公平交易的支持性作用。当众多参与者是大型企业，且网络企业之间在横向和价值链纵向关系中存在潜在或实际竞争的场合时，其协调常常是由诸如经纪人、联络人、共同雇员和准权威机构等第三方中介提供。这些中介范围广泛，包括行业协会工作人员、企业家、“领袖”企业、大学及其他知识创造结点和公共代表机构和公共品供应结点。

3.3.4 社会网络相关理论④

社会网络理论在由社会学家格兰诺威特（Granovetter）于1985年发表《经济行为与社会结构》之后，受到了越来越多的重视。社会网络理论隐含的前提是社会人的假设，这一点与传统经济学的“经济人”假设很不相同。从此，社会因素不再被视为人的经济决策研究要消除的干扰因素，而是被放入决定经济行为的重要决定因素之列。进一步，组织之间的资源依赖并不局限于与其有直接合作关系的组织，资源获取可能还会扩展到与其没有直接联系的组织。也就是说，资源获取可能既来自有直接联系的组织，也来自无直接联系的组织，从而组织间的关系是一个多维的网

① ［美］安娜·格兰多里主编：《企业网络：组织和产业竞争力》，中国人民大学出版社2005年版，第3页。

② ［美］安娜·格兰多里主编：《企业网络：组织和产业竞争力》，中国人民大学出版社2005年版，第21—45页。

③ ［美］安娜·格兰多里主编：《企业网络：组织和产业竞争力》，中国人民大学出版社2005年版，第46—76页。

④ 罗家德著：《NQ风暴：关系管理的智慧》，社会科学文献出版社2002年版，第78—120页。

络。组织间的关系除了受机会主义、有限理性和不确定性等因素的影响，信任、信誉、承诺、忠诚等也是决定组织间关系的重要因素。[①] 在格兰诺威特看来，嵌入于关系网络中的经济行为创造了信息交流的系统结构和建立新的体制的可能性。社会网络理论主要包括：

1. 弱连接优势理论。弱连接(连带)优势理论是格兰诺威特提出来的。他指出,网络中弱连接比强连接有更好的信息传播效果,两个团体间的“桥”必然是弱连接,它形成两个团体之间唯一的通路。若行动者拥有很多弱连接,特别是拥有很多“桥”,那么,它在信息获取上会有极大优势。

2. 强连接优势理论。格兰诺威特同时指出，强连接在人际关系和组织间关系中也具有重要的作用。他证明，一个组织如果具有跨越部门界限的友谊连接（强连接），将有利于其适应环境的变迁与不确定性。强连接提供人们彼此相互信任的基础，降低了人们对变迁的不安，使人们安然面对不确定性。

弱连接主要传递信息与知识，强连接则可以传递影响力与信任感。

3. 结构洞理论。结构洞是两个团体之间缺少连接而在网络结构上形成的一个空洞。企业家可以通过扮演“桥”连接的身份来填补这个洞，发现两个团体间的商业机会并形成新的价值。这时企业家的资源表现为较广的非重复的网络关系，即社会资本。最有商业机会的网络是充满结构洞的网络。结构洞会带来信息利益和控制利益。

4. 嵌入理论。威廉姆森用交易成本理论分析了企业与市场的关系，并认为网络组织是市场与层级的混合形式，甚至只是过渡形式。这受到了后来学者的质疑，格兰诺威特也以嵌入理论辩驳。正如本章一开始讲的，社会网络理论认为一切经济行为都嵌入在人际关系网络中，交易行为是在社会互动中做出的。经济生活中还普遍存在着基于信任的交易，而信任的产生则依赖于长期的互动。这种基于信任的同盟关系如果被制度化，则交易双方便成为长期的盟友，进而演化为网络式组织。格兰诺威特指出，信任减少了交易成本并促进了企业合作的可能性。

社会嵌入性的观点也可以如此理解：“我们研究的组织及其行为受到

① 李茵：“跨组织信息系统理论探索”，《中国科技信息》，2005 年第 16 期，第 102—105 页。

社会关系的制约，把它们作为独立的个体进行分析是一个严重的错误。”①

5. 社会人际信任理论。围绕着信任的形式、形成等问题，学者们提出了许多观点。路维基（Lewicki）和邦克（Bunker）将信任分为三种：基于计算的信任、基于知识的信任和基于认同的信任。三者随当事人交往时间的增加会逐渐产生一个顺序的演化；祖克（Zucker）则更强调基于制度的信任，将信任构建在正式的制度基础上，形成普适性、无歧视的人际关系；对于网络组织，学者们更倾向于建立以制度信任为基础的基于知识的信任，尤其是基于认同的信任，并体现在网络组织协议中，保证网络组织运行目标的实现②。

6. 社会资本理论。社会资本理论率先由社会学家科尔曼（James Coleman）提出。他认为，社会资本存在于人际关系之中，可以帮助人们达到其生产性的目的。社会资本不是独立获得的，它被两个人或多人共有，只有这种关系或关系网络稳定且长期存在，社会资本才存在。在一个关系网络的关键位置可以创造出社会资本。③

罗纳德·S. 本特指出，社会资本实际上是对一种优势的类比（metaphor），社会可以被视为一个市场，在其中人们交换各种商品和思想，以追求他们自己的利益。在交换中，某些个体或者群体，比另一些个体或者群体更善于以更低的成本换取更高的回报。社会资本类比是，绩效更好的人是在某种程度上被更好地连接了的那些人。某些个体或群体与其他个体或群体相接触，信任他们，支持他们，并依赖于与他们进行的交换。在这种交换的结构中占据了某种位置，就可能拥有这一位置中的作为一种权力的资产，这种资产就是社会资本。社会资本实际是一种位置概念。他进一步指出，社会资本指的是社会组织的特征，如信任、规范和网络，它们可以通过促进、协调而增进社会的效率。社会资本是结构洞的竞争优势。④

按照社会网络理论，组织间信息系统的采纳和形成，并不一定都是基于经济成本的考量，它可能是路径依赖的结果，也可能有获取社会资本的动机。组织间信息系统的治理取决于组织间的信任、权力、文化等因素。

---

① ［美］格兰诺维特：“经济行动与社会结构：嵌入性问题”，《社会理论论坛》，1997 年第 2 期。

② 林润辉著：《网络组织与企业高成长》，南开大学出版社 2004 年版，第 65 页。

③ ［美］莫洛·F. 纪廉等著：《新经济社会学》，社会科学文献出版社 2006 年版，第 205 页。

④ ［美］莫洛·F. 纪廉等著：《新经济社会学》，社会科学文献出版社 2006 年版，第 206 页。

第4章
研究模型与假设

通过理论分析、文献引证，借鉴面向个体和组织内信息系统采纳的TAM、UTAUT和TOE等模型的研究成果，提出了组织间信息系统采纳和治理的概念模型。认为企业对组织间信息系统感知的有用性、易用性以及对企业间关系治理机制的认同与接受共同决定了组织间信息系统的采纳和运行；识别出了影响组织间信息系统采纳和治理、影响企业间合作的主要因素，提出了12个研究假设；与经典的信息系统采纳模型仅仅关注决策行为不同，强调采纳的过程观，也就是，既关注组织间信息系统采纳前的决策行为，也重视采纳后企业间的相互协调、运行、管理等过程。否则，极易出现实践中的只重投资建设，不重运行管理的诟病。并认为，组织间信息系统采纳的本身就是组织间关系治理结构的构建和接受的过程，就是企业间相互协作的过程，也是组织间信息系统协调运行的过程，组织间信息系统运行的结果又进一步影响着企业对系统的采纳。

4.1 研究模型的提出

在企业信息化实践的历程中，信息系统经历了由简单到复杂的发展过程，由支持个人业务的简单信息系统（如工资系统、表单处理等）发展到实现功能集成、业务集成、部门集成（如ERP等）、直至跨组织集成（如B2B电子商务、SCM等）的渐进复杂的系统。

在企业信息化理论研究和发展方面，由于过去只注重企业自身的信息系统开发建设，所以许多信息系统的理论是围绕着信息系统软件的开发和实施过程展开的。例如，信息系统的建设通常被认为包含系统规划、系统分析、系统设计、系统实施、使用与维护等主要环节。显然，这是面向软件系统开发过程、面向技术实施人员的系统观点。当前的信息化理论，由于人们对信息系统应用过程中人文和社会经济文化等非技术因素重要性认识的加强，其研究的重点也逐步从技术方面转向“以人为本”的人文和社会方面。①

信息技术采纳研究关注的是组织及个人对信息技术接受、吸收过程中的各类相关问题。自 20 世纪 80 年代中后期以来，IT/IS 采纳研究日益引起国内外学者的关注，而这背后的直接原因是对企业信息化实践过程中出现的“IT 黑洞”、“IT 生产率悖论”等信息系统应用不成功现象的反思。再先进的技术要发挥效能的一个基本前提是人们能接受它②，信息技术的成功应用不仅仅在于技术本身的先进与否，更关系到人们对它的选择、使用等行为问题的解决③。因此，用户 IT/IS 采纳已经成为信息系统领域的一个研究热点。

“继承”、“借鉴”、“吸收”是理论创新的基本方法。为此，有必要先梳理一下目前应用较广泛的，基于个人和组织内层面的信息技术采纳模型，借鉴已有成果，针对现有模型对现实情形概括和解释力不足的缺憾，提出本书的组织间信息系统采纳与治理模型。

4.1.1 个人信息技术采纳模型

1. TAM 模型。Davis 于 1989 年提出的技术接受模型（Technology Acceptance Model，TAM）是信息技术采纳研究中最具影响的理论之一④。

TAM 模型以社会心理学，特别是理性行为理论为基础，把个人接受信息技术的影响因素概括为感知易用性（Perceived Ease of Use）、感知有

---

① 赵昆：“国内外信息技术用户接受模型研究现状分析”，《信息技术采纳：理论发展与中国实践》，电子科技大学出版社 2006 年 10 月版，第 7—9 页。

② Hu P. J., Chau P. Y. K., et al. Examining the technology acceptance model using physician acceptance of telemedicine technology, [J]. *Journal of Management Information System*, 1999, 16 (2), 91 - 112.

③ Davenport T. H., *Information Ecology*, New York: Oxford University Press, 1997.

④ Davis, F. D., Bagozzi, R. P., and Warshaw, P. R. User Acceptance of Computer Technology Models, *Management Science*, 1989, 35 (8), 982 - 1003.

用性（Perceived Usefulness）、对技术的态度、使用意图和实际使用等，并建立了描述这些因素之间关系的逻辑结构，即感知易用和感知有用会影响使用技术的态度和意向，进而影响其行为。另外，感知易用也会影响感知有用。如图 4－1 所示。

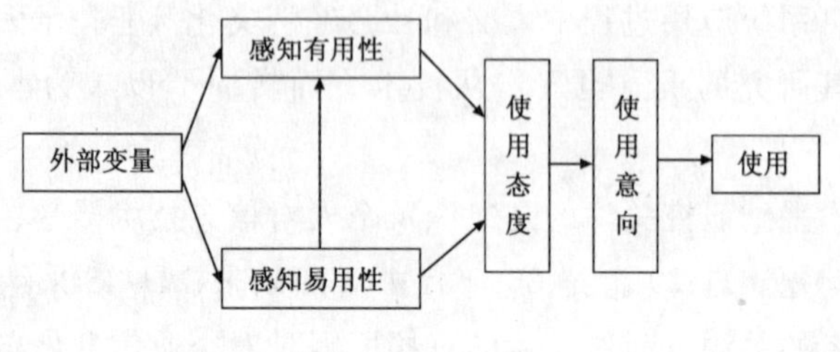

图 4－1　TAM 模型

其中：感知易用性是指个体对某项信息技术简单、方便、易于使用的认知；感知有用性是指个体所感知的使用某项信息技术能够使其提高工作绩效的程度；

使用态度是指一个人对于某事物的感受；

使用意向是指个人对是否乐于使用信息系统的行为倾向；

使用是指个人最终使用信息系统这种行为结果。

TAM 旨在解释和预测使用者接受信息系统的情况，试图研究人们为何接受或拒绝信息系统，解释信念因素与真正使用计算机行为之间的关系。TAM 是简单易用、高效合理的信息技术应用典范，并且也是迄今为止描述 IT 采纳应用最为广泛的模型①。

2. UTAUT 模型。2003 年，Venkatesh② 等人整合了 TAM 等 8 个重要的信息技术采纳模型的思想，提出了技术接受使用统一理论模型（Unified Theory of Acceptance and Use of Technology，UTAUT）。

在 UTAUT 中，影响行为意图的因素包括：绩效预期、努力预期、社会性因素，而便利条件则直接影响使用行为。绩效预期指用户在多大程度上认为使用该项信息技术能提高自己的工作绩效，这类似于 TAM 中的感知有用性；努力预期指用户认为使用该信息技术的容易程度，这类似于 TAM 中的感知易用性；社会性因素是指用户在多大程度上认为那些对它

① EM. Rogers. *Diffusion of Innvvations* [M] . New York：The Free Press，1995.

② Venkatesh，A，Morris，M. G，and Davis，GB. User Acceptance of Information Technology：Toward a Unified View，*MIS Quarterly*，2003，27（3），425－478.

们重要的人会赞同或支持他们使用该项信息技术；便利条件指用户在多大程度上认为组织或技术的支援体系为自己使用该项信息技术提供了帮助。UTAUT 还从社会心理学的角度将性别、年龄、经验和自愿使用程度等个人特征作为调节变量引入到模型中，用来解释不同人群间的行为差异。UTAUT 是迄今为止最具整合性的 IT 采纳模型，在实证研究中其解释能力高达 70%（Adjusted R），如图 4－2 所示。

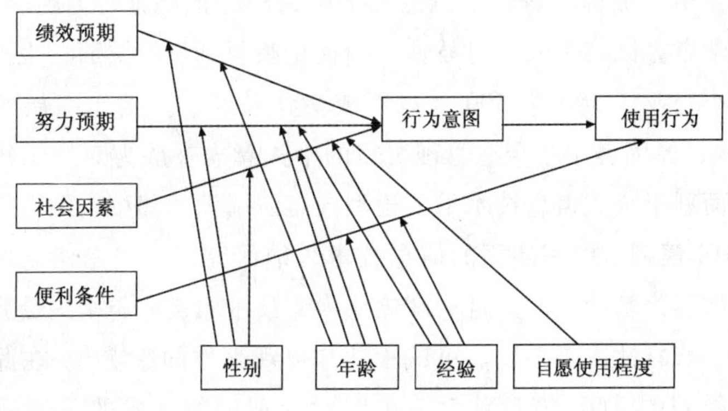

图 4－2　UTAUT 模型

国外对 TAM 和 UTAUT 的研究，大多聚焦在个人用户对办公自动化软件，如 Windows 操作系统、字处理软件、电子邮件以及万维网等的接受上[①]。TAM 和 UTAUT 也被很好地被应用于消费者对移动商务的采纳研究。

值得注意的是，以上模型的基本假设前提都是针对个人理性行为的，忽略了社会、组织等因素的影响。其适用范围限于采纳者完全理性的自主决定采纳与否，而不会受到个人能力和外部资源是否支持的限制。

4.1.2　组织内信息技术采纳模型

对组织 IT/IS 采纳中“采纳”一词的界定，学者们定义不尽相同。

多数文献认为，IT 采纳是指组织做出投资某种信息技术的决策[②③]。

---

① Legrisa P, Ihghamb J, Collerettec P. Why do people use information technology? A critical review of the technology acceptance model［J］. *Information & Management*, 2003（40）, 191－204.

② Coo per, R. B. and R. W. Zmud, Information Technology Implementation Research: A Technological Diffusion Approach［J］. *Management Science*, 1990, 36（2）, 123－139.

③ 陈文波、黄丽华：“组织信息技术采纳的影响因素研究述评”，《软科学》，2006 年第 3 期，第 1—4 页。

根据 Kwon & Zmud① 提出的基于创新扩散的 IS 实施 6 阶段，即：启动、采纳、适应、接收、使用、融合，IT 采纳活动是聚焦于创新扩散过程上游阶段的一种决策行为，其决策结果决定着是否进入以及如何进入 IT 实施的实质性阶段。②

但也有学者认为 IT/IS 采纳不但包括对 IT 的投资决策行为，而且包括信息技术的接受、吸收、掌握、应用的全过程③，也即采纳的过程观。还有学者使用“吸纳”等词汇以区别于“采纳”的决策行为观。④⑤

一些学者尝试将个人信息技术采纳模型映射到组织层面，也出现了一些针对中小企业（定义为 500 人以下或 200 人以下）的组织层面的技术采纳模型⑥，原因是中小企业管理决策的个人意志被认为对组织行为影响较大，因而利于个人信息技术采纳模型向组织层面的移植。

1. TOE 模型。组织层面的信息技术采纳研究，一般是建立在 Rogers 的创新扩散理论基础上的。这一理论认为，技术的扩散与采纳受到技术的相对优势、兼容性、复杂度、可试验性和可观察性的影响⑦。在此基础上进行扩展得到的 TOE 模型认为，组织对一项创新技术的采纳受到技术（Technology）、组织（Organization）和环境（Environment）三方面因素的影响⑧。其中，技术特征主要关注技术本身的一些特性，如相对优势、兼容性等；组织因素是指应用技术的组织的经济类型、组织自身的规模与范围和组织现有信息技术基础设施等；环境是指组织运行所处的市场竞争程

---

① T H Kwon, R W Zmud. Unifying the Fragmented Model of Information System Implementation A R J Boland and R A Hirschheim. *Critical Issues in Information System Research* M John Wily & Sons: New York, 1987.

② 付静、杨小平：“小型企业 IT/IS 采纳决策行为研究述评”，《信息技术采纳：理论发展与中国实践》，电子科技大学出版社 2006 年 10 月版，第 72—75 页。

③ 陈国青、德雷凯著：《信息系统的组织·管理·建模》，清华大学出版社 2003 年版。

④ 毕新华、于翠玲：“信息技术吸纳能力及其概念模型研究”，《信息技术采纳：理论发展与中国实践》，电子科技大学出版社 2006 年 10 月版，第 10—14 页。

⑤ 安利平、严建援、杨涛：“基于供应链流程优化的信息技术采纳研究”，《信息技术采纳：理论发展与中国实践》，电子科技大学出版社 2006 年 10 月版，第 44—47 页。

⑥ Riemenschneider, C. K., Harrison, D. A., and Mykytyn, P. P. Understanding IT Adoption Decision in Small Business: Intergrating Current Theories, *Information & Management*, 2003, 40, 269 -283.

⑦ M. Rogers. *Diffusion of Innvvations* M. New York: The Free Press, 1995.

⑧ Eveland, J D and L G Tornatzky. The Deployment of Technology A. *The Processes of Technological Innovation.* C Lexington Books: Lexington, 1990, 117 - 148.

度、政府政策等因素。TOE 模型综合考察了组织内外因素和技术本身的特点，具有较强的系统性，因而被广泛应用于组织信息技术扩散影响因素的分析①②，成为研究组织信息系统接受的经典框架。

经典的创新扩散理论及其 TOE 模型可以解释组织信息系统购买决策的影响因素，但对于技术吸收过程，即技术在组织中的应用、接受、内化为组织能力的过程的深入剖析则略显不足③。现有研究多停留在对 TOE 模型的改进和验证上，总体看，组织层面的信息技术采纳还没有令人信服的成果出现④。

2. 基于 AST 理论的 IS 采纳模型。技术采纳领域的社会技术学派，重点关注技术与社会实践之间的交互影响，提出了适应性结构化理论（Adaptive Structuration Theory，AST），认为先进信息技术的应用结果依赖于社会与技术结构如何最优化地结合，认为先进信息技术触发了适应性结构化过程，这个过程又导致了组织在社会互动过程中所使用的资源或规则上的变革，并在此基础上提出了 IS 采纳模型⑤（如图 4－3 所示）。

本书认为，基于 AST 理论的 IS 采纳模型的理论贡献在于：它明确了促使互动产生的结构源。特别是，它解释了技术结构源与组织之间的互动是一个循环的过程，采纳前阶段的技术采纳决策行为势必会对原有的技术结构和组织内外源结构造成影响，进而影响采纳后阶段的调适与使用行为。从影响采纳的因素看，该模型概括为技术结构、组织外源结构和组织内源结构，这与 TOE 模型的分析思路十分相似。

国内，近年来开始有学者关注组织层面的 IT 采纳研究。刘文雯、高

---

① Zhu, K., Xu, S., and Gibbs, Jason, D. Assessing Drivers of E－Business Value: Results of A Cross－Country Study *A Proceedings of the twenty forth International Conference on Information Systems* C, Seatttle, 2003.

② Xu, S., Zhu, K., and Gibbs, J. Global Technology, Local Aaoption: A Cross－Country Investigation of Internet Adoption by Companies in the United States and China [J] *Electronic Market*, 2004, 14 (1), 13－24.

③ 陈文波、黄丽华："组织复杂信息技术吸收的探索性案例研究"，《清华大学学报（自然科学版）》，2006/S1，第 902—908 页。

④ 张楠、郭讯华、陈国青："行为建模角度的信息技术采纳研究：发展阶段和未来方向"，《信息技术采纳：理论发展与中国实践》，电子科技大学出版社 2006 年 10 月版，第 3—6 页。

⑤ Schwieger, D., Melcher, A., Ranganathan, C., Wen, H. J., Appropriating Electronic Billing Systems: Adaptive Structuration Theory Analysis, *Human Systems Management*, 2004 (23), 235－245.

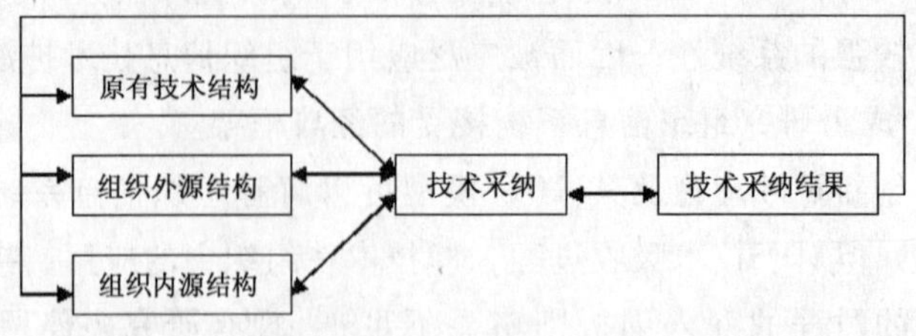

图 4-3 基于 AST 理论的 IS 采纳模型

平、徐博艺、陈文波等人综述了国外企业信息技术采纳行为研究的进展[①]；李怡文结合创新扩散等理论，重点对 IT 采纳行为展开分析，提出了企业 IT 采纳的概念框架[②]。但是，从企业 IT/IS 采纳的过程观，通过实证研究以发现哪些因素影响组织信息技术采纳的研究还很少见[③]。

同时，还应当看到，基于 TOE 模型从组织层面分析信息系统采纳影响因素的有关研究[④]，所涉及的信息系统仅仅是在企业内部发生效用的、企业不需依赖其他企业就能够独自采纳的相对简单的组织内信息系统。

4.1.3 组织间信息系统采纳模型的提出

组织间信息系统接受要比组织内的信息系统接受复杂得多。本书强调，组织间信息系统是基于资源与能力互补的不同企业，通过计算机和现代通信技术相互连接以实现企业间的信息共享，借助于企业间关系治理结构的协调，相互合作以取得协作优势的企业网络系统。它的采纳、接受、协调、运行、管理、持续使用等既有别于企业科层也不同于市场调节。它

① 刘文雯、高平、徐博艺："企业信息技术采纳行为研究综述"，《研究与发展管理》，2005 年第 3 期，第 52—57 页。

② 李怡文："企业 IT/IS 采纳决策行为模型分析"，《现代管理科学》，2006 年第 2 期，第 39—42 页。

③ 陈文波、黄丽华："组织信息技术采纳的影响因素研究述评"，《软科学》，2006 年第 3 期，第 1—4 页。

④ 吴春明、赵晶、夏靓："企业信息技术采纳影响因素的实证研究"，《信息技术采纳：理论发展与中国实践》，电子科技大学出版社 2006 年版，第 101—104 页；Mario M Caldeira，John M Ward. Using resource - based theory to interpret the successful adoption and use of information systems and technology in manufacturing small and medium - sized enterprises，*European Journal of Information Systems*，Basingstoke：Jun 2003. Vol. 12，Iss. 2，127 - 141.

具有许多组织内信息系统所不具备的如下特性①：

1. IOS需要伙伴企业参与。一个IOS至少需要两个企业的自愿参与，单方面的努力无法实现两个实体间的连接。IOS需要参与各方在技术上和管理上具有相当的智慧和能力，参与方在技术与管理上的不平衡有可能导致IOS的失败②。必须通过各种努力以便于参与伙伴的连接。

2. 标准起着重要的作用。标准在IOS的成功中起着重要的作用，有两种类型的标准：公共的和私有的。公共标准被跨行业的组织广泛接受，私有标准仅仅用于一些特定的行业和企业之间。不同的行业构建了一系列不同的行业通信标准，比如在美国，化工、铁路、汽车等行业都建立了它们行业范围的EDI传输协议③。

3. 第三方的介入。这样的联合系统的协调常常需要第三方（IOS卖方）来培训终端用户、开发和维护协议，提供硬件、软件和通信服务。第三方不但要在建立IOS方面有经验和专长，而且能够解决由于连接各方的信息差异而致的冲突④。

4. 企业间的电子伙伴关系。比之于组织间关系和管理问题，技术问题本身并不是主要的问题。IOS采纳的主要挑战是建立企业间新的电子伙伴关系⑤。

针对IOS的特点，国外有学者基于TOE模型识别出影响组织间信息系统采纳的重要因素包括：高层管理人员的支持、信任、竞争压力、采纳成本、网络可靠性、数据安全性和规模等⑥；Premkumar发现，权力和竞

---

① McNurlin, B. c., and Sprague, R. h., Jr. *Information System Management in Practice*, Prentice Hall, Upper Saddie River, New Jersey, 1998.

② Lacovou, C. L., Benbasat, I., and Dexter, A. S., Electronic data interchange and small organizations: Adoption and impact of technology, *MIS Quarterly* (19: 4), 1995, 465.

③ Crum, M. R., Premkumar, G., and Ramamurthy, K. An assessment of motor carrier adoption, use, and satisfaction with EDI, *Transportation Journal* (35: 4), 1996, 44.

④ McNurlin, B. c., and Sprague, R. h., Jr. *Information System Management in Practice*, Pretice Hall, Upper Saddie River, New Jersey, 1998.

⑤ Bensaou, M., and Venkatraman, N. Inter-organizational relationships and information technology: A conceptual systhesis and a research framework, *European Journal of Information System* (5: 2), 1996, 84-91.

⑥ Soliman, Khalid S. and Janz, Brian D., An exploratory study to identify the critical factors affecting the decision to establish Internet-based interorganizational information system, *Information and Management* 41, 697-706.

争压力是影响 IOS 采纳的重要因素[①]；Sabherwal 和 Kirs 的研究表明，企业的 IT 能力与竞争战略的匹配与 IOS 采纳和绩效正相关[②]。更多的研究成果在本书第 2 章中已进行了较详尽的综述。无疑，这些对本书的研究提供了很大的帮助。但是，也应当看到，现有研究还存在以下局限性：

（1）还原论的分析方法。现在的 IOS 采纳研究多是以还原论的分析方法为基础的。即着眼于某一个节点企业，试图通过解剖、分析节点企业的 IOS 采纳影响因素，从而推断整个组织间信息系统的采纳特性。也就是，试图通过一个节点来推断整个网络。尽管有国外学者认识到 IOS 采纳的主要挑战是建立企业间新的电子伙伴关系，由于 IOS 采纳研究仍然沿用主要应用于组织内信息系统采纳的 TOE 模型，对企业间电子伙伴关系的关注不够。

本书认为，组织间信息系统是一个复杂适应信息系统[③]，它由多个利益主体构成，组织间信息系统的特性是由多个主体通过相互适应涌现出来的，它不是个体的机械的加总、还原。因此，应当用系统观从整体、从结构上把握组织间信息系统的采纳。

（2）静态时点的采纳决策行为观。目前 IT/IS 采纳理论文献中的行为模型本身都是基于静态时点考虑的，难以解释用户对信息系统初始采纳后却并未持续性使用（Adoption - Discontiuance）的前后不一致行为[④⑤]。为了弥补 IT/IS 采纳研究的不足之处，IS 持续使用理论研究正方兴未艾，用

① Premkumar, G., Ramamurthy, K., The Role of Interorganizational and Organizational Factors on the Decision Mode for Adoption of Interorganizational System, *Decision Sciences*; May/Jun 1995; Vol. 26 Number 3, 303 - 336.

② Sabherwal, Suzanne Rajiv and Kirs, Peeter, The Alignment between Organizational Critical Success Factors and Information Technology Capability in Academic Institutions, *Decision Science*. Vol. 25, No. 2, 301 - 330.

③ 张树人："从社会性软件、Web2.0 到复杂适应信息系统研究"，中国人民大学博士学位论文，2006 年 6 月。

④ Jasperson, J., Carter, P. E., and Zmud, R. W. "A Comprehensive Conceptualization of Post - Adoptive Behaviors Associated with Information Technology Enabled Work Systems," *MIS Quarterly*, 2005, 29 (3), 525 - 557.

⑤ Kim, S. S, Malhotra, N. K. A Longitudinal Model of Continued IS Use: An Integrative View of Four Mechanisms Underlying Post adoption Phenomena, *Management Science*, 2005, 51 (5), 741 - 755.

户在初始采纳后使用意图与行为的动态建模正成为 IS 学者关注的前沿领域[①②]。

现在的有关 IOS 采纳研究多基于采纳的决策行为观，即更多关注组织对某一 IOS 的投资决策行为受到哪些因素影响。但是，即便组织正确地做出了对 IOS 的投资决策，并不一定就能保证 IOS 顺利地成功地运行和应用，而这对组织间信息系统却是至关重要的。尽管国外有学者基于投资决策行为的时间顺序将“采纳”分为采纳前与采纳后，采纳后理论主要关注做出投资决策后，个体或组织如何持续的利用与扩展信息系统的功能，以及影响个体或组织持续的利用与扩展信息系统功能的因素。但相对于采纳前理论，采纳后理论的研究文献不管在数量上还是成熟度上都有很大的欠缺[③]。

本书强调采纳的过程观，也就是，既关注 IOS 采纳前的决策行为，也重视采纳后组织间的相互协调、运行、管理等全过程。否则，极易出现实践中的只重投资建设，不重运行管理的问题。并认为，对 IOS 而言，采纳前与采纳后是一个不可分割的整体，信息系统的成功最终取决于用户的持续使用（Continuous Usage），最初的采纳（Initial Adoption）仅是迈向成功的第一步。若是没有长期有效地使用，最初接受的信息系统也不可能带来用户预期的使用价值[④⑤]。相对于 IT/IS 采纳理论研究，IS 持续使用理论还是一个方兴未艾的研究领域。笔者认为，从过程的角度，对于用户在采纳前与采纳后的意图和行为进行动态建模，并实施追踪性研究，从而构建解释能力更好、适用性更强、更切合中国情境的 IS 持续使用理论，是国内 IS 学者应该努力的方向，也将有利于在此领域保持与国际研究前沿同步发展。

---

① Bhattacherjee, A, Understanding information systems continuance: an expectation - confirmation model, *MIS Quarterly*, 2001, 25 (3), 351 - 370.

② Venkatesh, V, Speier, C, Morris, M. G, User acceptance enablers in individual decision making about technology: Toward A Integrated Model, *Decision Sciences*, 2002, 33 (2), 297 - 316.

③ 张玉林等：“信息部门服务品质度量的实证研究”，《信息技术采纳：理论发展与中国实践》，电子科技大学出版社 2006 年 10 月版，第 76—79 页。

④ Jasperson, J., Carter, P. E., and Zmud, R. W. “A Comprehensive Conceptualization of Post - Adoptive Behaviors Associated with Information Technology Enabled Work Systems,” *MIS Quarterly*, 2005, 29 (3), 525 - 557.

⑤ Limayem, M et al. How Habit Limits the Predictive Power of Intention: The Case of Information Systems Continuance, *MIS Quarterly*, 2007, 31 (4), 705 - 737.

（3）对 IOS 的治理机制研究不够。一方面，先前的许多研究往往是站在作为 IOS 发起方的大企业的立场上，简单地将 IOS 作为取得竞争优势的技术工具，忽略了从组织间关系和协作的视角理解 IOS，因此，不利于中小企业对 IOS 的采纳。另一方面，组织间信息系统的参与企业都是自治的法人主体，组织间信息系统自然不能像组织内的信息系统那样，依赖组织内的命令链来部署和协调。组织间信息系统是怎样协调运行的，它的治理机制是什么？以往的研究并没有从组织间关系的视角去分析，从而给出清晰的答案。

本书认为，组织间信息系统采纳的本身就是企业间相互协作的过程，就是组织间关系治理结构的构建过程，也是组织间协调运行的过程，组织间信息系统运行的结果又反过来影响着组织对系统的采纳。

（4）IOS 采纳理论还未形成系统。国外学者从不同的角度述及 IOS 的采纳问题，现有的成果比较零散，缺乏整合和系统化①。特别是，缺乏 IOS 采纳后的组织间协调、运行、管理的研究。

（5）针对中国本土化的研究还鲜有所见。IOS 采纳与吸收的影响因素中非技术的因素，即社会人文因素居多。中国的国情、人文、环境、文化等与国外有着很大的不同，目前结合中国的实际开展的实证研究还不多见。

总结前述研究的局限性，归纳本书以上对 IOS 采纳的认识，借鉴面向个体和组织内信息系统采纳的 TAM 、TOE 和基于 AST 理论的 IS 采纳模型的思想，提出本书的关于组织间信息系统采纳的概念模型，如图4－4所示。作者认为，企业为了应对环境的不确定性，产生了相互合作以取得协作优势的动机，而这种协作是通过 IOS 相连接和协调的，企业对 IOS 感知的有用性和易用性影响着企业对 IOS 的采纳，由于组织间信息系统不能像企业内部的信息系统那样依靠企业内的命令链来部署和协调，因此，相互合作各方的关系治理结构决定着企业的 IOS 采纳，并协调着 IOS 的运行，协作优势又反馈于组织成为企业在下一个合作周期对 IOS 采纳的因素。

① Lei Chi，Clyde W Holsapple，Understanding computer－mediated interorganizational collaboration：a model and framework，*Journal of Knowledge Management*，2005，9，1；ABI/INFORM Global，53.

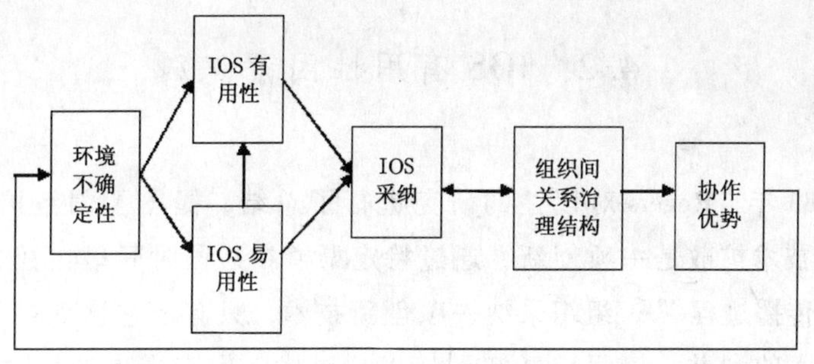

图 4-4　基于过程的组织间信息系统采纳与治理概念模型

之所以将个人信息技术采纳的“感知有用性”与“感知易用性”等映射到本书的组织间信息系统采纳模型，是基于以下两点考虑：首先，实践中常常将信息系统建设称作“一把手工程”，有研究文献[①]也表明 CEO 等高层管理人员对技术采纳起着重要的作用；其次，组织对技术的采纳和使用，最终取决于组织内使用技术的个体的人的接受程度。

组织对技术的“感知有用性”与“感知易用性”是受技术、组织内源因素和环境因素影响的，这是组织内信息技术采纳 TOE 模型的思想。本书强调，组织间关系治理机制的形成是建立企业间电子伙伴关系和 IOS 协调运行的保障，也是组织间信息系统采纳与组织内信息系统采纳的最大区别。通过 IOS 采纳各方的相互协作取得协作优势是企业的目的，目的是否达到，结果如何，影响着企业下一步的采纳行为，因此形成一个不断反馈循环的过程，这部分契合了基于 AST 理论的 IS 采纳模型的思想。

以下将通过理论分析和文献佐证，对上述研究模型中各部分的具体因素进行识别和论证，并提出研究假设。从下一章开始，以此概念模型为依据，结合国内较成功的组织间信息系统的实例进行解释性的案例研究。

---

① Soliman, Khalid S. and Janz, Brian D., An exploratory study to identify the critical factors affecting the decision to establish Internet - based interorganizational information system, *Information and Management* 2005, 697 - 706.

4.2 IOS 有用性因素识别

1983 年，Rogers 对以往的研究进行了总结，提出了创新扩散理论，认为“技术扩散是一项创新，通过特定渠道在某段时间里在社会系统成员中的传播过程。”① 组织采纳一项创新技术，只有当它比现存的技术能提供更大的利益，使用户感知到技术相对优势内在需求的拉动②。也就是，强调采纳者的驱动作用的“拉式（pull）”理论③。因此，在 IOS 扩散中，从组织层面考虑，IOS 必须在组织需要的“拉动”下才可能被采纳。本书中，组织对 IOS 需要的感知被定义为 IOS 的有用性。有用性包括：互惠性、必要性、柔性。

4.2.1 互惠性（Reciprocity）

信息技术与组织交互研究中的决策主义学派强调，组织的认知过程伴随着理性决策，认为组织对信息技术的采纳是以实现利益最大化为目标，经过理性分析后做出的选择④。

企业是一个赢利组织，组织间信息系统的本质决定了，只有参与各方的共同采纳和使用才能获得利益。只有参与各方都能利用组织间信息系统获利，组织间的合作才能持久。因此，互惠是企业采纳 IOS 的前提。企业使用 IOS 以追求共同和相互利益的目标，便于相互之间建立信任、协作的关系⑤⑥。Lacovou 等人针对 EDI 的采纳研究表明，感知的利益是组织

① Rogers, E. M. *Diffusion of Innovations* (*Fourth Edition*) [M]. The Free Press, New York, USA, 1995. 25.

② Rogers, E. M. *Diffusion of Innovations* (*Fourth Edition*) [M]. The Free Press, New York, USA, 1995. 36.

③ Dutton, J., & Duncan, R. Recreation of momenturm for change through the process of strategic issue diagnosis. *Strategic Management Journal*, 1987, 8 (3), 279 – 295.

④ Orlikowski, W. J., The Duality of Technology: Rethinking the Concept of Adapative Structuration Theory. *Organization Science*, 1994, 5 (2), 121 – 147.

⑤ Pouloudi, A. Information technology for collaborative advantage in heaith care revisited, *Information and Management*, 1999, Vol. 35, 345 – 356.

⑥ Kumar, K., Van Dissel. H. G. and Bielli, P., The merchant of Prato – revisited: toward a third rationality of information system, *MIS Quarterly*, 1998, Vol. 22 No. 2, 199 – 226.

采纳 EDI 的一个诱因，感知的利益是指 EDI 的参与方可获得一种参与优势，这些利益既可能是直接的，如成本的节约、效率的提高、错误率的降低，也可能是间接的，如通过使用 EDI 产生了一些新的改善客户服务和流程再造的机会。①

事实上，IOS 中的各参与企业是自治的法人主体，基于各自的核心能力，通过信息技术相联接，以营利为目的构建了动态的、网络型的经济组织形式，这是与企业集团、合资企业等组织形式的不同之处，而这种新的组织形式得益于组织间信息系统的发展②。

Hong and Kim 分析了水平和垂直两种类型的组织间信息系统，认为战略联盟的思维是促使企业通过组织间信息系统互惠互利合作共赢的主要动机。③

IOS 在水平方向的作用主要表现在为完成共同的价值活动而进行的相互连接。这种连接可以理解为 IOS 连接同质的组织，以支持它们之间的合作。这里的同质组织是指具有同质产品或服务并在共同业务与市场上运作的组织。这些组织在水平方向上的联结，产生了竞争者之间的伙伴关系和联盟，目的是取得规模经济效益，并在水平方向上降低交易成本。比如，美国若干家航空公司共用的 APOLLO 和 SABER 订票系统；信用卡公司与航空公司经 IOS 连接以提供里程奖励；百货公司与信用卡公司、供货商、配送服务商等结成伙伴，建立共享的信息系统等。这种“信息伙伴关系”最初是在共享软件与硬件的投资，以减少潜在风险的思维驱动下产生的。

IOS 在垂直方向的作用主要表现在不同角色的组织为实现产品或服务增值而进行的联结。美国医疗供应有限公司的 AHSC 系统连接的就是药品制造商、医院等卫生行业的组织；SABER 订票系统在垂直方向联结航空公司与旅行代理商等。此时，IOS 联结的是异质组织和多种价值链上的企业，每个企业在 IOS 中扮演的角色是不同的，通过优势互补达到互惠互利的目的。

---

① Lacovou, C. L., I. Benbasat, A. S. Dexter. Electronic data interchange and small organizations: Adoption and impact of technology. *MIS Quarterly* 1995, 19 (4) 465 -485.

② 林润辉著：《网络组织与企业高成长》，南开大学出版社 2004 年版，第 201 页。

③ Hong and Kim, Toward a new framework for interorganizational system: a network configuration perspective, 1060 -3425/98, 1998 IEEE.

假设1（H1）：通过合作追逐共同利益的互惠性是组织采纳IOS的动机之一。

4.2.2　必要性（Necessity）

全球经济正在转型，信息技术是重要的催化剂之一，组织间信息系统对组织绩效和产业结构正在产生巨大的影响①。McFarlan②曾经要求经理人员们考虑信息系统是如何有可能给他们的公司带来利益，信息技术真的能够构筑进入壁垒吗？然而，McFarlan指出，许多研究表明，大多数IT采纳的动机是迫于竞争，许多公司是作为一项防御措施采用IT的，它本身并没有为组织提供多少竞争优势。的确，许多公司在IT中享受到了竞争优势，但只是很短暂的。IT只是给予公司一种暂时与竞争对手不同的差异化，当其他公司也具备了相应的IT技术和能力，差异化就会所剩无几。

这是因为，随着IT技术的逐步通用化、商品化，信息技术本身已难以成为持续竞争优势的来源，而只是必要条件。在开放的技术市场里，IT本身的应用虽然能带来某种程度上的先行优势，但随着竞争对手的模仿和技术的后发优势，这种优势将很快消失。企业资源观认为企业特有的、难以模仿和替代的、能够创造价值的资源是竞争优势的来源。企业的IT能力，即企业调用、部署和集成IT资源，以实现与企业其他互补性资源相结合的组织能力，才是企业利用IT获取持续竞争优势的源泉③。

但是，企业如果不采用IT技术，不加入到IOS中来，可能就会在竞争中完全处于劣势，甚至无法实现其价值。供应商要分享沃尔玛的销售网络，就必须采纳其CPFR供应链系统。历史上，EDI常常形成一个中心（Hub）和一些卫星（Spokes）贸易伙伴企业的结构，卫星企业出于对中

---

① Whinston, Andrew B., Geng, Xianjun, OPERATIONALIZING THE ESSENTIAL ROLE OF THE INFORMATION TECHNOLOGY ARTIFACT IN INFORMATION SYSTEMS RESEARCH: GRAY AREA, PITFALLS, AND THE IMPORTANCE OF STRATEGIC AMBIGUITY., *MIS Quarterly*; Jun 2004, Vol. 28 Issue 2, p. 149 - 159.

② McFarlan, F. W. Information Technology Changes the Way You Compete, *Harvard Business Review*, May - Jun 1984, 98.

③ Bharadwaj, A. S. A Resource - Based Perspective on Information Technology Capability and Firm Performance: An Empirical Investigation J. *MIS Quarterly*, 2000, 24 (1), 169 - 196.

心的依赖，不得不接受 EDI，以响应各种形式的竞争压力[①]。许多研究都表明，来自贸易伙伴和竞争对手的双重压力是组织采纳和使用 EDI 的重要因素[②③]。

由此可见，来自于企业外部的驱动力会形成企业 IOS 采纳动因。外部驱动力可能来自于企业的利益伙伴、竞争对手。当今的市场竞争已经不再是单体企业之间的竞争，而是供应链之间的竞争。通常在价值链上，处于核心位置的企业在技术采纳中处于主导地位，其技术采纳行为会成为其上下游合作伙伴的技术采纳动因。当企业的竞争对手由于 IOS 采纳而获得了竞争优势的时候，同样会刺激企业效仿对手的采纳行为。并引发企业对 IOS 相对优势的感知，即：IOS 较企业内部原先的信息系统更能满足企业的需要，也即新技术比从前的或其他的信息系统拥有更好的技术优势[④]。

假设 2（H2）：竞争的压力和 IOS 的相对优势是企业采纳 IOS 的重要因素。

4.2.3　柔性（Flexibility）

竞争的压力正在迫使组织重构以使其更开放、更具有适应性和柔性。柔性是对环境的适应能力，柔性能力被视为能够带来诸如改善企业内部资源品质、提高竞争优势、形成组织部分生存方式等利益。[⑤] 组织柔性的本质是保持变化与稳定之间的平衡[⑥]。信息系统一直被认为是能够提供柔性的工具[⑦⑧]，组织间信息系统（IOS）还被作为一种获得柔性的机制被提

---

① Pitts, J. M. Really working together. *EDI World*, 1991, 1 (11), 18.

② Barter, N. F. Hubs and spokes: A paradigm shift, *EDI World*, 1991, 1 (11), 6 - 9.

③ Sawabini, S. EDI and the Internet, *Journal of Business Strategy* (22: 1), 2001, 41 - 43.

④ Helle Zinner Henriksen, Motivators for IOS Adoption in Denmark, *Journal of Electronic Commerce in Organizations*, Apr - Jun 2006; 4, 2, 25.

⑤ D. Avison, P. Powell, J. Keen, J. Klein & S. Ward, Addressing the need for flexibility in information system, *Jounal of Management Information System*, 7 (2), 1965, 43 - 60.

⑥ Volberda, H W., Toward the Flexibity Form: How to Remain Vital in Hypercompetitive Enviroments. *Org. Sci.* 1996; 7 (4), 359 - 374.

⑦ A. Boynton, Achieve dynamic stability through information technology, *California Management Review*, Winter 1993, 58 - 77.

⑧ K. Prager, Management for Flexibility: the new role of the aligned IT organization, *Information Systems Management*, Fall 1996, 41 - 46.

出来①。

从系统论的角度来看，组织是一个开放的系统，它必须不断关注环境的变化，与环境不断地交换物质、能量和信息，使组织内部各因素与环境匹配，形成一个耗散结构系统，实现组织的有效性和效率最佳。耗散结构理论认为，当组织的能量不断转换，从而使组织不断与外界物质、能量、信息进行交换时，即熵增加达到一定阀值时，原有组织的常规技术、机械结构已随着时间和环境的变化失去了原有的活力，其效率会呈递减的趋势，越来越不适应新环境的需要。当熵大于负熵时，组织必须大量地与外界环境进行能量交换，增强外部信息处理能力，预测变化趋势，引进新的负熵，组织需要与外界环境更多的联系，使用作业柔性和非常规技术，采用有机结构，使组织内各要素与新的环境相匹配，从而使组织充满活力。②

W. Golden & P. Powell③ 的研究表明，IOS 的使用的确提供了柔性，由于 IOS 跨越组织边界的特性，柔性表现为组织内和组织间两个层面。这种柔性体现在以下几个方面：

（1）响应性（Responsiveness）。它改善了企业适应变化着的商业需求的响应性；

（2）效率（efficiency）。IOS 增强了响应效率（efficiency）也就是增强了快速变化的能力；

（3）多样性（Versatility）。组织寻求柔性是为了扩展控制范围，多样性作为柔性的一种体现，它是组织对于未来情形的反应能力；

（4）鲁棒性（Robustness）。鲁棒性是组织适应新的和正在变化着的环境的能力，是应对环境不确定性而表现出的健壮性，它是组织对不确定性的适应和响应能力④。

假设 3（H3）：组织内与组织间的柔性需求是组织采纳 IOS 的动机

① H. Lucas & M. Olson, The impact of information technology on organizational flexibity, *Journal of Organizational Computing*, 4 (2), 1994, 155 - 176.

② 蒋峦、谢卫红、蓝海林："组织柔性结构的演进及其演进的理论诠释"，《中国软科学》，2005 年第 3 期。

③ W. Golden & P. Powell, Inter - organizational Information System as Enablers of Organizational Flexibility, *Technology Analysis & Strategic Management*, Vol. 16, No. 3, 299 - 325, Sep. 2004.

④ H. Lucas & M. Olson, The impact of information technology on organizational flexibity, *Journal of Organizational Computing*, 4 (2), 1994, 155 - 176.

之一。

综上，企业对 IOS 感知的有用性如表 4 – 1 所示。

表 4 – 1　　IOS 有用性因素列表

IOS有用性	互惠性	多赢	互利共生、合作、减少交易成本
		共享渠道	减少物流和营销等成本
	必要性	利益伙伴的压力	上下游企业的驱动
		竞争对手的压力	同业竞争的压力
		IOS 的相对优势	IOS 比从前的或其他的信息系统拥有更好的技术优势
	柔　性	响应	改善企业对商业需求的动态响应能力
		效率	增强了响应速度，也就是增强了快速变化的能力
		多样性	扩展控制范围，是组织对未来情形的反应能力
		鲁棒性	健壮性，稳定性，是组织对不确定性的适应和响应能力

4.3　IOS 易用性因素识别

本书定义 IOS 的易用性为组织对接受和使用 IOS 的难易程度和可行性的感知。

4.3.1　IS 基础设施

公司欲采纳一项能带来丰厚利益的新技术，必然面临着公司是否有与之相匹配的能够使新技术成功实施的基础设施①。任何新的技术都有附带的风险（Attendant risks），如果公司具有必要的基础设施将会感受到较少的风险，因此也就更愿意采纳新的技术。那些具有充分的通信基础设施，并且拥有集成数据库应用经验的公司更有可能较少的感受到来自 IOS 技术复杂性的威胁。IS 基础设施是企业内部各 IS 应用集成、企业间多个贸易

① Cash, J. I., McFarlan, W. F., McKenney, J. L., & Applegate, L. M. *Corporate information system management: Text and cases* (3rd ed.). Homewood, IL: IRWIN, 1992.

伙伴系统建立连接的必然要求①。

组织间信息系统的发展从系统的技术模式上看，大致经历了传统的IOS和基于互联网的IOS两个阶段。传统的IOS一般要具有企业专网或通过企业增值网（Value Added Network，VAN）相连，增值网凭借从公用网租用的传输设备，使用企业的交换机、计算机和其他专用设备组成专用网，以适应企业的需要，其典型应用是EDI。传统的IOS往往采用专有的网络传输协议和信息交换标准。基于互联网的IOS以互联网为通信基础设施，通过TCP/IP协议实现企业间的数据交换。网络和通信基础资源的是否易于获取势必影响着企业对组织间信息系统的采纳。

假设4（H4）：拥有必要的信息系统基础设施的企业更有可能率先(Proactive）采纳IOS。

4.3.2 IOS兼容性与便利性

技术的兼容性是指技术创新与现有的社会系统价值观、以往的各种实践经验以及采用者需求相一致的程度，兼容性与技术的最终采纳正相关。② 对组织间信息系统而言，兼容性不仅指信息技术与组织的价值观和需求相一致，更在于IOS与组织内相关的信息系统的匹配程度。这既是避免信息孤岛的需要，也是减少系统间转换成本的要求。

IOS的使用便利性是指系统操作简单程度和用户界面的友好程度。在信息技术的扩散和接受中，首先，从组织层面考虑，相应的信息系统必须在组织需要的“拉”动下被采纳；其次，从个体层面看，信息系统必须被最终用户——个体的人所接受。因此，IOS的界面友好、操作便利、功能齐全和方便实用等因素影响着组织和个体的IOS易用性感知。IOS的使用便利性影响着组织和个体的学习成本。Davis在研究个体对字处理软件包的采纳中发现，使用的便利性（Ease of Use）与个体对技术的采纳正相关。③

---

① G. Premkumar & K. Ramamurthy, The Role of Interorganizational and Organizational Factors on the Decision Mode for Adoption of Interorganizational Systems, *Decision Science*; May/Jun 1995; 26, 3, 303 - 336.

② 陈文波、黄丽华：“组织信息技术采纳的影响因素研究述评”，《软科学》，2006年第3期，第1—4页。

③ Davis, F. D., Bagozzi, R. P., and Warshaw, P. R. User Acceptance of Computer Technology Models, *Management Science*, 1989, 35 (8), 982 - 1003.

IOS的便利性还体现在由于导入IOS，组织可以方便的监督、了解上下游企业的绩效，从流程上了解供方和卖方的生产情况，使整个供应链的运作可视化①。

Whang等人针对房地产行业进行的实证研究，很好地说明了以上因素对组织采纳IOS的影响。②

假设5（H5）：IOS的使用便利性和兼容性影响着组织对IOS的采纳行为。

4.3.3　企业的IT能力

企业拥有了良好的IT基础设施和资源，并不一定能为企业带来竞争优势，竞争优势不在于个别的具有创新性的IT应用，而在于企业的IT能力。

IT能力是通过实施IT/IS来影响组织目标方面的能力，是企业调用、部署和集成IT资源，以实现与企业其他互补性资源相结合的组织能力，是通过运用和配置自身IT资源以整合组织其他资源的能力③；IT能力是控制与IT相关的成本以及通过实施IT来影响组织其他方面的能力④。

IT能力包含技术因素和非技术因素，技术因素包括信息技术、数据库等；非技术因素包括企业领导者、组织、管理、社会环境、企业文化等。企业信息化的成功不仅取决于信息系统的先进性，更依赖于企业IT能力中非技术因素的作用⑤。内含了技术知识和信息的IT资源，是企业IT能力的物质载体和物质构成要素，主要由计算机和通信技术以及共享

---

① Clemons, E. K., Reddi, S. P., and Row, M. C., The impact of information technology on the organization of economic activity: The "move to the middle hypothesis," *Journal of Management Information System* (10: 2), 1993, 9-28.

② Whang, Jaehoon, An Empirical Study of Factors Influencing Interorganizational Information Systems Implementation: A Case of the Real Estate Industry, (Doctoral Dissertation, University of Nebraska-Lincoln, 1992).

③ Bharadwaj, AS: A resource-based perspective on information technology capability and on firm performance: an empirical investigation [J] *MIS Quarterly*, 2000, 24 (1), 169-196.

④ Thomas C. Powell, Anne Dent Micallef, Information Technology as competitive advantage: the role of Human, business, and technology resources, *Strategic Management Journal*, 1997, 18 (5), 375-405.

⑤ 马艳峰、王雅林："基于IT能力的企业信息化非技术影响因素研究"，《商业研究》，2006年第3期。

的技术平台和数据库组成。作为知识的创造者和掌握技能的主体的员工，是IT能力的主要载体和构成要素，他们的技术知识、业务知识、战略知识、关系知识和管理技能在很大程度上主导了企业IT能力的水平。

在IOS的采纳中，除了企业IT能力中的IS基础设施等技术因素以外，IT能力中的非技术因素也起着至关重要的作用。在非技术因素中，本书重点关注企业IT/IS吸收能力和企业组织变革的能力。

Zahra 和 George 把组织的技术吸收能力定义为组织获取、消化、转化和开发新知识的能力，组织的吸收能力的强弱决定了组织创新与利用新技术能力的高低。① 组织对信息技术的吸收能力包括组织信息技术共有的语言体系、对于信息技术应用的共同愿景、对于信息技术最新进展的获取、信息技术实施中所需技能的界定、所需的技术能力、确定的问题解决专家和确定的管理问题解决者等方面。②③

在IT/IS吸收能力中，克服组织中的知识壁垒的能力尤为重要。知识壁垒是组织已有的知识存量与信息技术应用所需要的知识之间的差距。④ Attewell认为，组织信息技术扩散是组织不断克服知识壁垒的学习过程，而不是一种自发的传播效应的体现。⑤ Fichman 则进一步研究了在面临相同的知识壁垒时，为什么有些企业会成为信息技术应用的先行者的问题。他的研究表明，那些能够有效分散、降低后续信息技术实施中的学习成本的企业往往会领先采用信息技术。⑥

组织变革和转型是企业成长过程中的常态⑦。Moreton 认为，转型是

---

① Zahra, S., and George, G. Absorptive Capacity: A Review, Reconceptualization and Extension J Academy *Management Review*, 2002, 27 (2), 185 – 203.

② Galy, E. The Mediating Role of Organizational Learning between Absorptive Capacity and Performance in Companies Employing Enterprise Resource Planning Software D The University of Texas – Pan American, 2003.

③ Szulanski, G. Exploring Internal Stickiness: Impediments to the Transfer of Best Practice within the Firm J *Strategic Management Journal*, 1996, 17 (1), 27 – 43.

④ Fichman, R. G, and Kemerer, C. F. The Illusory Diffusion of Innovation: An Examination of Assimilation Gaps [J]. *Information System Research*, 1999, 10 (3), 255 – 275.

⑤ Attewell, P. Technology Diffusion and Organizational Learning: the Case of Business Computing [J]. *Organizational Science*, 1992, 3 (1), 1 – 19.

⑥ Fichman, R. G, and Kemerer, C. F. The Assimilation of Software Process Innovational: An Organizational Learning Perspective J *Management Science*, 1997, 43 (10), 1345 – 1363.

⑦ Miller, D. and Friesen, p. Structural change and performance: quantum vs piecemeal incremental approaches, *Academy of Management journal*, 1982, 25 (4), 867 – 892.

组织面对高度不确定性和变革中的商业环境所做出的有效反应以及组织行为的重塑。[①] Hammer 和 Charmpy 提出通过业务流程再造（BPR），以期在成本、质量、服务和绩效等方面取得戏剧性的改善[②]；以 Venkatraman 和 Henderson 为代表人物，研究了 IT 使能的组织转型问题，从企业 IS 规划与企业战略规划匹配方式，探讨企业组织转型的途径，以及强调通过逐级、多层次信息化向网络化组织转型。[③] 随着以互联网为核心的信息技术的发展，IOS 使能的电子商务已经成为企业发展的平台与生存方式，电子商务不再是一种选择，而是每个企业都必须成为一个电子商务企业。[④] 企业 IT 能力的提升在于企业战略与 IT 的匹配，企业只有将信息技术与整个业务流程、组织结构等有效融合，才能创造 IT 商业价值。[⑤]

主要用于个人信息技术采纳的 TAM 暗示着，只要某人有了行为意图，那么他就可能不受约束的去实现其意图，TAM 忽略了个人能力等方面的限制。组织作出一项决策应当比个体更有理性，因此在本书的模型里强调了组织的 IT 能力对 IOS 采纳的影响。

企业的 IT 能力也部分地解释了为什么相同的信息系统（比如 ERP）应用到不同的企业其结果可能迥然不同。通常人们往往只把信息系统作为一个单纯的集硬件软件于一体的技术系统，对信息系统的不成功习以为常地归结为技术落后、开发方法不合理等，而没有从组织自身的 IT 能力，特别是组织对 IT/IS 的吸收能力去思考，没有从组织的管理与技术的融合去思考。

假设 6（H6）：企业 IT 能力影响着企业对 IOS 的采纳和吸收。

4.3.4　成本

信息系统的成本是组织不得不考虑的问题。信息系统的成本分为显性

---

① Moret on, R. Transforming the organization: The contribution of information system function, *Journal of Strategic information system*, 1995, 4 (2), 149 - 163.

② Hammer, M., Charmpy, J. *Reengineering the corporation: A manifesto for business revolution.* New York: HarperCollins, 1993.

③ Henderson, J. C, Venkatraman, N. Strategic Alignment: Leveraging Information Technology for transforming organizations J, *IBM Systems Journal*, 1993, 32 (1), 472 - 484.

④ Peter Fingar, *The Death of "e" and the Birth of the Real New Economy*, Florida: Meghan - Kiffer Press, 2001.

⑤ Henderson, J. C, Venkatraman, N. Strategic Alignment: Leveraging Information Technology for transforming organizations J, *IBM Systems Journal*, 1993, 32 (1), 472 - 484.

成本和隐性成本。显性成本是可以事先进行预算的费用，包括硬件成本、软件成本、培训和其他实施费用。对隐性成本则需要根据企业的业务情况和经营环境进行主观估计。例如ERP软件包在实施过程中通常要对企业内部的业务流程进行改造，供应链管理、B2B电子商务等组织间信息系统的采纳与使用还要对组织间的业务流程进行改造。由此可能还要在管理咨询、人力资源等方面发生成本。隐性成本还包括系统运行以后产生的管理成本。

企业在作出IOS采纳决策前必须综合考虑IOS带来的收益与成本。根据企业在组织间信息系统中的地位不同，对IOS采纳是采取自建还是ASP（Application Service Provider）外包也是企业需要从成本角度考虑的。针对中小企业的ASP平台，可以充分利用公共的Internet通信条件，迅速地在Internet上建立起IOS和电子商务环境，实现企业的内外部信息交流和资源管理、供应链优化和电子交易等功能。

组织间信息系统的信息交换和共享需要遵循一定的数据标准，原先运行于不同信息系统上的数据需要进行转换，由此发生的转换成本也是需要考虑的。

Powell等人的研究表明，网络化组织成员的知识共享，可以降低网络中高度不确定性条件下专用性资产频繁交易所发生的交易成本。① Malone等人认为，信息技术降低了信息的协调成本，组织间的交易机制需要建立不同类型的组织间信息系统来加以支持。他们根据威廉姆森所提出的市场和层级（企业）的两种交易机制为基础，划分出“电子层级”和“电子市场”两种组织间信息系统，并指出影响企业采纳的主要因素是协调成本和生产成本多寡的对比。②

许多研究从理论和实证不同的角度分析了成本是组织间信息系统采纳的重要因素③。

---

① Powell, W. W. , Koput, W. and Smith – Doerr, I. Interorganizational cooperationa and the locus of innovation: networks of learning in biotechnology, *Administrative Science Quarterly*, 1996, 41, 116 – 145.

② Malone, T. W. , Yates, J. , and Benjamin R. L. , Electronic markets and electronic hierarchies, *Communication of the ACM*, June, 1987, 30, 6, 484 – 497.

③ Soliman, Khalid S. and Janz, Brian D. , An exploratory study to identify the critical factors affecting the decision to establish Internet – based interorganizational information system, *Information and Management*, 2004, 41, 697 – 706.

假设7（H7）：协调成本和生产成本多寡的对比影响企业对IOS的采纳。

4.3.5　组织规模

组织规模也是信息技术采纳中的研究热点，总体看来，大组织由于降低交易成本的考虑，更倾向于使用信息技术；即使小企业中，规模的大小对于企业信息技术的采纳也有显著的影响，规模相对稍大的企业比稍小的企业更倾向于使用信息技术①。从组织范围来看，组织跨越的地域范围越大，组织越倾向于使用信息技术②，这可以从交易成本理论得到解释。大企业倾向于发起（proactive）采纳IOS，小企业更倾向于响应（reactive）采纳IOS。

假设8（H8）：大企业倾向于发起（proactive）采纳IOS，小企业更倾向于响应（reactive）采纳IOS。

综上所述，企业感知的易用性如表4－2所示。

表4－2　　IOS易用性因素列表

<table>
<tr><td rowspan="13">IOS易用性</td><td rowspan="2">IS基础设施</td><td>VAN、Internet易获取性</td><td>网络通信条件是否具备</td></tr>
<tr><td>企业内部IS建设</td><td>组织内各信息系统的建设及其集成</td></tr>
<tr><td rowspan="4">IOS兼容与便利性</td><td rowspan="2">技术的兼容性</td><td>与管理流程、文化等需求相一致的程度</td></tr>
<tr><td>与组织内相关信息系统的匹配程度</td></tr>
<tr><td rowspan="2">IOS便利性</td><td>操作简单程度、界面友好程度</td></tr>
<tr><td>供应链运作的可视化、可观察性</td></tr>
<tr><td rowspan="3">IT能力</td><td>吸收能力</td><td>获取、消化、转化知识的能力</td></tr>
<tr><td>克服知识壁垒的能力</td><td>学习、培训、项目管理、技术支持</td></tr>
<tr><td>组织变革</td><td>IT使能的流程变革、组织转型</td></tr>
<tr><td rowspan="2">成本</td><td>显性与隐性成本</td><td>软硬件投资、培训、咨询、维护、转换</td></tr>
<tr><td>成本的节约</td><td>交易成本的节约、流程优化所致的成本节约</td></tr>
<tr><td rowspan="2">企业规模</td><td>大企业</td><td>发起（proactive）采纳IOS</td></tr>
<tr><td>中小企业</td><td>响应（reactive）采纳IOS。</td></tr>
</table>

① Thong, J Y I, An Intergrated Model of Information System Adoption in Small Business [J]. *Journal of Management Information Systems*, 1999, 15 (4), 187－214.

② Dewan, S, S Michael, and C M in Firm Characteristics and Investiments in Information Technology: Scale and Scope Effects [J]. *Information Systems Research*, 1998, 9 (3), 219.

4.4 IOS 治理

以上从一个单体企业对 IOS 感知的有用性和易用性角度讨论了 IOS 采纳因素，分析的框架主要是交易成本经济学和竞争战略的理论，分析的层次是基于单体企业的。仅从单体企业分析，难以从结构上对 IOS 有一个整体的把握，难以发现 IOS 中不同企业相互适应的协调机制；仅从交易成本角度出发，往往导致局限于对 IOS 采纳、运行与退出的交易成本高低的分析，而忽视社会网络中社会资本的积累及其效应，忽视非经济因素对 IOS 采纳和运行的影响。

本书强调组织间信息系统是由多个相互联系的企业构成的企业网络系统。组织间信息系统的治理就是通过一系列的激励约束安排克服成员企业的机会主义行为，最大限度的保持合作，最大限度的保持组织间信息系统的健康运行。

现实世界中，企业并不是一个孤岛，同样，没有任何一对二元关系与其他二元关系是处于隔绝状态。IOS 的采纳与运行不仅仅是单一节点企业的问题，还涉及企业间关系问题，而企业间关系又嵌入在经济、社会的网络之中。

事实上，自从社会学家格兰诺威特（Granovetter）1985 年发表了《经济行为与社会结构》之后，社会网络理论得到了越来越多的重视。社会网络理论隐含的前提是“社会人”的假设，这一点与传统经济学的“经济人”假设很不相同。从此，社会因素不再被视为人的经济决策研究要消除的干扰因素，而是被放入决定经济行为的重要决定因素之列。进一步，组织之间的资源依赖并不局限于与其有直接合作关系的组织，资源获取可能还会扩展到与其没有直接联系的组织。也就是说，资源获取可能既来自有直接联系的组织，也来自无直接联系的组织，从而组织间的关系是一个多维的网络。组织间的关系除了受机会主义、有限理性和不确定性等因素的影响，信任、信誉、承诺、忠诚等也是决定组织间关系的重要因素[①]。

在格兰诺威特看来，嵌入关系网络中的经济行为创造了信息交流的系统结构和建立新的体制的可能性。格兰诺维特认为：（1）经济行动是社会行动的一种形式；（2）经济行动由社会来定位；（3）经济制度是社会结构的一部分。而这三个方面毫无例外的牵涉到“嵌入性”（embeddedness）。格兰诺维特坚信“经济行动嵌入社会结构”，并采纳网络学者的观点，社会网络是人们生活中的社会结构，而处于其中的人的经济行为必然受社会网络的影响[②]。同样，组织之间的协调和治理也不仅仅是如科斯等人论述的科层和市场，“网络是科层和市场的替代，网络的核心特征是一系列协调机制，这不仅仅包括价格、退出机制和外部规则。”[③]

因此，对组织间信息系统的采纳、协调和运行管理也应当从信任、权力、标准等社会因素予以考虑。

4.4.1　信任

构成组织间信息系统的主体是各自自治的企业，通过业务与资源的相互依赖，降低成本，加快组织学习与创新，减少不确定性和分担风险。因此，各企业有着显而易见的合作激励。但是，企业间利益冲突，资产专用性带来的“准租金”，不确定性交易会导致机会主义行为。

组织间信息系统治理的目的在于如何通过各种制度安排来加强协作、挖掘合作的潜在价值、增强合作收益、抑制机会主义行为。

1. 信任是 IOS 的一种治理机制。IOS 中各自治企业间既不是企业中的上下级科层关系，也不同于纯粹的市场交换关系。传统的仅仅依靠价格机制的市场治理结构只能提供短期经济激励，但无法提供通过合作改善长期战略地位的激励和有效控制风险与机会主义行为，而且在某种程度上两者是相互冲突的，如上下游企业之间的价格压榨只能损坏长期的合作伙伴关系。

---

① 李茵：“跨组织信息系统理论探索”，《中国科技信息》，2005 年第 16 期。

② Granovetter Mark，“Economic Action and Social Structure：The Problem of Embeddedness.” *Americ Journal of sociology*，1997/1985，91；中译本见《格兰诺维特论文集》，罗家德主编：《经济行动与社会结构：镶嵌问题》，社会科学文献出版社 2007 年版，第 8 页。

③ （美）安娜·格兰多里著：《企业网络：组织和产业竞争力》，中国人民大学出版社 2005 年版，第 3 页。

格兰诺威特认为，一切经济行为都嵌入在人际关系网络中，交易行为是在社会互动中做出的。经济生活中还普遍存在着基于信任的交易，而信任的产生则依赖于长期的互动。这种基于信任的同盟关系如果被制度化，则交易双方便成为长期的盟友，进而演化为网络式组织。[①] 格兰诺威特指出，信任减少了交易成本并促进了企业合作的可能性。

许多学者的研究表明，市场不确定性的主要后果并不是企业将其资源封闭于企业内部，而是企业对公认的可信赖的外部合作者的进一步依赖。在存在市场不确定和变动的情况下，传统上被认为"非经济范畴"的因素，如地位、声誉等，成为单个企业稳固其相互依赖性和维护企业间网络化契约关系的主要因素[②]。

以交易成本的观点来分析，信任被认为是重要的组织间关系协调与治理机制，其原因在于，企业间的信任能够减轻企业间交换中因为不确定性以及依赖性所致的投机行为[③]。交易双方中专用性资产投入较高的一方容易陷入套牢（hold - up），这种情况下，会导致所谓的单方依赖问题（unilateral dependence），进而增加投资方的风险。如果这样的风险无法有效的降低或控制，将会使交易减少、瘫痪，或者使用较高成本的契约来保障专用性资产的投入。如果双方是信任的，交易则会容易进行，因为不需要花费额外的成本来监督对方。换句话说，当双方有较好的信任关系时，这种关系就成了一种组织间的治理机制。实证研究也证实，企业间的信任可以降低协商成本、减少冲突发生[④]。

2. 信任的几种模式。信任被认为是重要的组织间关系协调与治理机制，并主要表现为以下几种模式：

（1）基于关系的信任。认为信任机制是建立在非正式的人际关系基础上的，通过人际关系形成的共同价值观与道德观，社会关系的制约与关系互动中累积起来的集体身份认同，激励个体和组织去履行承诺，不轻易

---

① 罗家德著：《NQ 风暴：关系管理的智慧》，社会科学文献出版社 2002 年版，第 78—120 页。

② 安德烈·里帕里尼、亚历山大、罗·洛米："摩德纳生物医学产业的组织间关系"，《企业网络：组织和产业竞争力》，中国人民大学出版社 2005 年版，第 142 页。

③ Doney, P. M, & Cannon, J. P. An Examination of the Nature of Trust in Buyer - Seller Relationship [J] . *Journal of Marketing* 1997, 61 (2) .

④ Zaheer A. , McEvily B. , and Perrone V. , Does Trust Matter ? Exploring the Effects of Interorganizational and Interpersonal Trust on Performance, *Organization Science*, 1998, 9 (2), 141 - 159.

从事机会主义行为，以免破坏声誉、降低相互之间的信任感。在共享资源的 IOS 中，由于相对较少的交互和制度规范来定义行动者的行为，通过可以信赖的第三方网络间接建立起来的声誉可以成为一种有效的治理机制①。在供应链 IOS 和网络化 IOS 中，随着组织互动频度的增加，信任作为一种有效的机制在治理机会主义行为和解决冲突中起着重要的作用，声誉和互惠的规范也进一步促进了信任的成长②。

其实，这种信任的本质是格兰诺维特的社会嵌入性。有两种嵌入方式，一是关系嵌入，它是以双边交易的质量为基础，表现为交易双方重视彼此间的需要与目标的程度，以及在信用、信任、和信息共享上所表现的行动；二是结构嵌入，它可看作是群体间双边共同合约相互联结的扩展，通过第三方相连接，形成以系统为特征的关联结构。结构嵌入包括四个要素：限制性进入、宏观文化、集体许可与声誉。基于人际关系的非正式的治理形成了一定的排外性和地域性，它往往局限于亲友同学等小的社会圈子，无法与各种可能的、有共同利益的行动者建立合作关系，很难扩展网络的信息交流、社会资源或生产合作的范围。③

（2）基于制度的信任。Zucker④ 更强调基于制度的信任，将信任构建在正式的制度基础上，形成普适性、无歧视的人际关系，并体现在网络组织协议中，保证网络组织运行目标的实现。基于制度的信任在没有家庭关系及其类似强连接关系的经济环境中也能产生，Zucker 描述了制度性信任的两个维度：第三者证明和由第三者保存附带条件委付盖印的契约，这些保证了一个交易期望的收益。制度性信任包括公开的监测机制，公开的法律约束，公开的鉴定机制，公开的反馈机制，以及公开的合作规范。这五个维度都会对网络中信任的建立和维护起到积极的影响作用。

（3）混合的治理。既包括基于制度的信任，如法律契约，又包括基于关系的信任。

除上述机制之外，还有抵押机制、担保机制、退出机制和其他惩罚性

---

① Zuker, L. G. Production of trust: Institutional Sources of economic structure, *Research in Organization Behavior*, 1986, vol. 8, 53 – 111.

② 朱彬、赵林度："企业网络化与关系治理机制探讨"，《现代管理科学》，2005 年第 10 期。

③ 林闽钢："社会学视野中的组织间网络及其治理结构"，《社会学研究》，2002 年第 2 期。

④ 林润辉著：《网络组织与企业高成长》，南开大学出版社 2004 年版，第 65 页。

措施。

威廉姆森[①]认为影响交易组织形成的因素包括交易频率、不确定性以及投资的特性。频率低的交易行为一般会使交易者采取完全随机的市场交易（古典式契约）。在这种交易中，交易双方都存在着较强的机会主义倾向，因而防止欺诈的成本很高。而在频率较高的交易中，交易双方会随着不断发生的交易产生互相的信任，继而放弃随机的市场契约，形成稳定的长期市场契约（新古典式契约）。当然，这种长期契约往往需要一个第三方的介入，以保证合约的履行。当交易的不确定性很高（如价格随市场而发生变动），以至于严重影响了交易成本，交易者就会采取一种稳定的双边交易契约（关系型契约），将不确定性降至最低。

制度性信任可以用在三种类型的 IOS 中，对资源共享型的 IOS，频率低的交易行为可能包含其中，因此，采用古典式契约可能是适宜的；对供应链 IOS，在供应链成员中周期性循环的交易时有发生。因此，新古典式契约可能是适宜的；而对网络型的 IOS，关系契约是合适的[②]。

3. 信任机制对 IOS 采纳和使用的影响。Hart，P. J.，and Saunders，C. S. 认为，信任能够促进 IOS 的采纳和使用，这是因为[③]：

（1）信任机制能够保证企业在 IOS 上的投资，有助于企业间协调和合作；

（2）信任制度有助于减少机会主义行为，减少风险，提高了扩展信息共享的机会；

（3）企业间不同的信任程度将影响 IOS 的使用。Hart，P. J.，和 Saunders，C. S. 发现，由于信任关系的存在，企业将增加 EDI 在通信量和多样性方面的使用，如果不存在信任关系，这是不可能的。[④]

Meier 提出 IOS 不应是零和博弈，在建立和维护 IOS 成功应用方面，

---

① 科斯 诺斯 威廉姆森：《制度、契约与组织》，经济科学出版社 2003 年 1 月第 1 版。

② Lei Chi; Clyde W Holsapple , Understanding computer - mediated interorganizational collaboration: a model and framework, *Journal of Knowledge Management*; 2005; 9, 1, 53 - 75.

③ Hart, P. J. , and Saunders, C. S. , Power and Trust: Critical Factors in the Adoption and Use of Electronic Data Interchange, *Organization Science*, 1997, Jan. - Feb. , (8: 1), 23 - 42.

④ Hart, P. J. , and Saunders, C. S. , Emerging Electronic Partnerships: Ant, ecedents and Dimensions of EDI Use from the Supplier's Perspective, *Journal of Management Information Systems*, Spring 1998, Vol. 14, No. 4, 87 - 111.

信任是一个关键的要素。[①] 他主张，技术是容易被复制的，但是信任关系却是难以模仿的巨大资产。因此，IOS 的引入和使用应该不仅基于短期的成本或功能利益的评价，而应该基于 IOS 参与者的长期利益。

信任，在跨组织、跨地域乃至跨国度的 IOS 中有着协调和社会整合的作用。IOS 参与各方的诚信水平、忠诚、信任的建立、契约的执行等影响着 IOS 采纳和运行。规范的信任机制是 IOS 参与各方相互合作的基础。

假设 9（H9）：能否与伙伴企业建立起信任关系以及信任机制是否健全影响着组织对 IOS 的采纳。

4.4.2　权力

韦伯（Max Weber）认为，“权力是某种社会关系中的一个行动者将处于不顾反对而贯彻自己意志的地位的概率，不管这种概率所依据的基础是什么。”但韦伯的定义有两个弱点，第一，它忽略了权力关系也可以是一种互惠的关系；第二，权力本身带有“相互作用”、“相互联系”的属性。诺克（D. Knoke）从关系网络的角度对权力进行分析，他认为，权力不是个体或群体的特征，而是社会行动者之间的实际存在和潜在的互动模式，并把权力划分为“影响”和“支配”两个维度。权力的“影响”维度是决策者行使权力产生影响的社会能力，它存在于社会交往网络中；在权力的“支配”关系中，一个行动者通过提供恩惠或者惩罚来控制另一个行动者，它存在于社会交换网络中。当影响与支配同时发生作用时，权力关系就表现为权威性权力的形式。[②]

以企业间层面作为分析单位的学者认为，权力是一种结构上的能力，能够导致资源的不平等分配，而有利于某些参与者[③]；权力是一个企业能够影响另一个企业按规定的方式行动的能力[④]；权力是企业间关系中控制

① Meier, J., The Importance of Relationship Management in Establishing Sucessful Interorganizational Systems, *Journal of Strategic Information Systems*, 1995, (4: 2), 135 - 148.

② 刘军著：《社会网络分析导论》，社会科学文献出版社 2004 年版，第 112—115 页。

③ Thy e, S, R., A Status Value Theory of Power in Exchange Relations, *American Sociological Review*, Vol. 21, Vol. 65, 2000, June, 407 - 432.

④ Hart, P. J., and Saunders, C. S., Power and Trust: Critical Factors in the Adoption and Use of Electronic Data Interchange, *Organization Science*, 1997, Jan. - Feb., (8: 1), 23 - 42.

不确定性和依赖程度的能力①。

1. 权力的类型与度量。Maloni 等人把企业间权力划分为六种类型②：

（1）奖赏权（Reward）：是指一企业具有给予其他企业奖赏的权力；

（2）强迫权（Coercion）：一企业具有惩罚其他企业的权力；

（3）专家权（Expert）：一企业拥有其他企业想获得知识和技术；

（4）参照对象（Reference）：A 企业的价值只有通过 B 企业才能体现；

（5）正当性（Legitimate）：A 企业认为 B 企业具有影响 A 企业的能力；

（6）法律正当性（Legal Legitimate）：A 企业具有法律上可以影响 B 企业的权力。

社会网络分析者是从“关系”的角度来定量界定权力的，并且给出多种关于社会权力的具体的形式化定义，即各种中心度和中心势指数。行动者越处于网络的中心位置，其影响力越大，也就是权力越大，中心度与群体的效率有关；中心势特指一个作为整体的图的中心度，也就是，图的总体整合度或者一致性。在一个网络中，相对点度中心度大的节点拥有较大的权力。

在 IOS 中，发起采纳的企业往往是网络中的核心企业，拥有较高的中心度，也就有较强的影响甚至支配其他节点企业的权力；响应采纳的企业较多地感受到来自发起采纳企业的权力。这种来自发起者的权力不但是响应企业的采纳因素，也是 IOS 运行的一种协调机制。权力可以决定 IOS 节点企业的选择，并在 IOS 的运行中实施协调、监督和激励。先前国外学者的一些研究尽管也识别出了权力是 IOS 采纳的因素，但对权力在 IOS 运行中的作用认识不够充分。

2. IOS 中的权力结构。在网络中，权力是个相对概念，中心度的大小表示了企业的权力各不相同。权力结构矩阵③可以用来说明企业在 IOS 权

① Reekers N, and Smithson S. The role of EDI in interorganizational co - ordination in the European Automotive Industry, J. *European Journal of Information Systems*, 1996, 5, 120 - 130.

② Malo ni, M. & W. C. Benton, Power and Influences in the Supply Chain, *Journal of Business Logistics*, 2000, Vol. 21, No. 1, 49 - 73.

③ Cox, A., Understanding Buyer and Supplier Power: A Framework for procurement and Supply Competence, *Journal of Supply Chain Management*, 2001, Spring, 8 - 15.

力结构中的位置。以买方和卖方为例的参与企业权力矩阵如图 4 – 5 所示分为买方主导、卖方主导、买卖双方互相依赖和买卖双互相独立 4 种类型①。

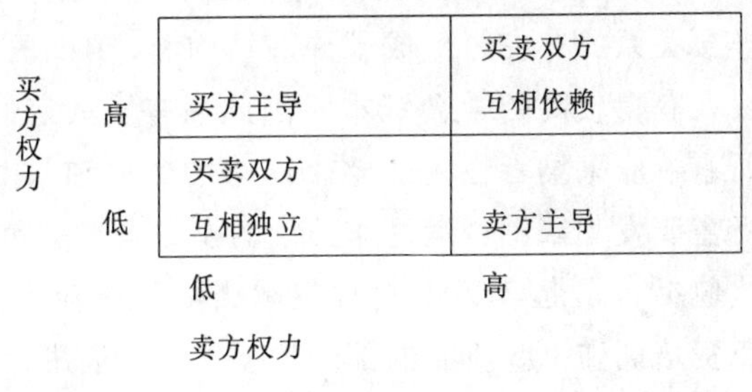

图 4 – 5　权力矩阵图

（1）买方主导的权力结构。在买方发起的 IOS 中，买方具有更大的影响力，也就具有相应的支配权。比如零售业的沃尔玛、制造业的通用汽车公司，这些强大的买方在供应商的业务中占有相当的份额，他们具有发起 IOS 的权力，并影响和支配着卖方的 IOS 采纳，影响着 IOS 的运行。

（2）卖方主导的权力结构。具有支配权的供应商发起采纳 IOS，并吸引和影响着分销商和其他企业的采纳。美国航空业的 APOLLO 和 SABER 订票系统、美国医疗供应有限公司的 AHSC 系统等都是经典的范例。

（3）买卖双方互相独立的权力结构。买卖双方都没有显著的能力影响对方，IOS 的采纳和运行面临更大的不确定性。

（4）买卖双方互相依赖的权力结构。双方相互视对方为重要的合作伙伴，IOS 的采纳与运行建立在各方自愿合作的基础上。

前两种类型可归结为权力不平衡结构，后两者为权力的平衡结构。在不平衡结构中，权力大的 IOS 采纳者在权力结构中居于主导，他们往往是发起者，同时以其影响力和支配力扮演着整个价值链的协调者和流程变革者的角色；在平衡的权力结构中，所有参与者都不具备 IOS 的主导权，没有足够的影响力去支配其他行动者的行为，IOS 的发起要经过与各方的充分的协商，只有所有参与者达成共识的情况下，IOS 才得以实施和运行，但其效率和成功的可能性都具有不确定性。

在不平衡的权力结构中，的确出现过大企业依其权力，通过 IOS 锁定

① 钟铭：“企业间信息系统模式研究”，大连理工大学博士学位论文 2005，第 76—86 页。

中小企业，以提高自身竞争优势的先例。由于不能坚持互惠的原则，机会主义行为滋生，引发 IOS 发起采纳者与响应采纳者的冲突，需要较高的监督成本。因此，即使各方作出了采纳决策，也难以保证 IOS 的持久运行。

3. 权力作为 IOS 的一种治理机制。事实上，拥有不同资源和能力的企业，由于弱连接关系的存在，形成了许多结构洞，IOS 的发起采纳者通过其桥接作用，在获得较高的社会资本并因此拥有了一定的权力的同时，也提高了包括所有响应采纳者在内的整个网络的效率和效益。因此，IOS 的长久和谐运行需要发起采纳者运用非强制的权力来吸引和鼓励响应采纳企业的加入，这包括：发起者运用奖赏权承诺给予响应者某些特定的奖励，比如提供免费培训和 IOS 所需的部分软硬件等；运用专家权告知潜在的采纳者如接受建议则能达到互惠互利的结果；运用惩罚权对机会主义行为进行监督和控制，保证 IOS 的健康运行。总之，通过改变潜在采纳者的认知，建立相互信任的氛围，巩固和加强彼此的关系，形成 IOS 所有成员企业都能获利的多赢局面。

另一方面，也可以将 IOS 看作是一个商业生态系统①。如果说 IOS 中的核心企业是商业生态中的关键种（Keystone）的话，那么，IOS 中的响应企业则是小生位企业（Nicher）。生态系统中不同的物种和个体都有自己不同的生态位。彼得·德鲁克在他的《创新与企业家精神》一书中认为，中小企业应按照小生位的生成机理选择一个适合自身发展需求的经营领域。为数众多的小生位企业采取的是高度专业化的战略，对 Keystone 和其他企业有一种天然的依赖，只有依靠别的企业提供的资源，它们才能腾出精力，专注于狭窄的细分市场，以差异化求得一席之地。众多的小生位企业是商业生态多样性的体现，是商业生态系统健康、和谐与繁荣的基础。

假设 10（H10）：拥有较大权力的核心企业依其影响力和支配力会发起采纳 IOS，并扮演着整个价值链的协调者和流程变革者的角色；在权力结构中处于弱势地位的企业会响应采纳 IOS。

4.4.3　标准

科斯认为，从协调的角度看，企业和市场都是协调经济的方式，但没

---

① 参见 Marco Lansiti & Roy Levien, *The Keystone Advantage*, Boston, Massachusetts, Harvard Business School Press, 2004.

有对协调的具体形式予以关注。事实上，组织内和组织间的经济活动往往是通过标准来协调的，从而降低了科斯意义上的交易成本。历史上，度量衡和铁路轨距的统一等事例，无一不佐证了标准对经济和社会的重大影响。

1. 标准是一种治理机制。标准是企业内部和企业之间的重要的协调机制，标准化及网络效应推动着企业组织的演进。企业之间的合作实际上可以理解为它们遵守一种共同的标准，这种做法可以产生网络效应，从而产生多赢的局面。企业之间在遵守共同标准的意义上是合作的，而这种合作来自于企业按照自身利益展开的标准方面的竞争。

标准可以定义为一种制度，这种制度是技术、商务和程序沟通的机制。它们出现于技术和组织变迁的筛选和扩散过程中，是有关主体之间相互合作和筛选过程的结果。Antonelli 把标准看做是制度过程的一部分，各种组织合作参与标准化过程会产生网络效应，而这个网络效应反映了对标准化的需求程度。此时标准变成了一种经济制度，也就是说，标准是企业内和企业间相互作用的一种机制，它不仅会产生企业产品定价的变动，而且还会产生技术创新、各种组织安排以及行为规范①。

David 和 Steinmuller 关注标准出现过程中的企业合作问题，他们认为，企业合作的程度取决于各种标准形式（如共同参照物、衔接、兼容等），组织之间通过标准进行合作，而这种合作形式表现为市场与层级之间的一种混合形式②，也就是企业间网络。

标准也是 IOS 的一种治理手段，它体现了 IOS 的一系列规则、规范和程序。IOS 的成员企业只有自觉遵守这些标准，才能享受到随着成员企业的不断增加而提高的网络效应，IOS 才能协调运行。不管是肯德基、麦当劳，还是英特尔—微软联盟，与其说出售的是一种商品和服务，不如说是一种标准。“不实行标准化的企业最终都要被拒绝在市场的门槛之外”。如果说 21 世纪企业竞争已经演变为供应链之间的竞争，那供应链之间竞争的最高境界是标准的竞争。

2. 标准的分类。标准可以分为技术标准和经营管理标准。在 IOS 中，

---

① 周鹏著：《标准化、网络效应以及企业组织的演进》，东北财经大学出版社 2005 年版。

② David, P. A. & Steinmuller, W. E., Economics of Compatibility and Competition in Telecommunication Networks, *Information Economics and Policy*, 1994, 6, 217 - 242.

技术标准包括诸如操作系统的选取、大型数据库的选择、网络传输协议、数据描述语言、应用系统接口兼容、数据交换、还有大量使商务和技术文件标准化的活动标准。XML是至今为止用来做数据交换比较有效的语言之一。不同行业根据应用数据的习惯定义了不同的标签，形成诸如cXML、ebXML、XCBL等一系列具有行业特性的数据描述语言，基于这些标准规范的数据，都能通过XML解析器（parser）相互通信。经营管理标准包括：商品编码、规格、流程、清单、条例、评价、制度等。目前出现的注重流程的标准大致分为两类，一类来源于由多家企业自发组成的非营利性行业标准化组织，如RosettaNet、CommerceNet等；另一类来源于电子商务解决方案供应商，如CommerceOne、Ariba等，但它们都只是适合于某些特定的行业。

由于经营管理标准涉及企业内和企业间的流程，涉及企业文化和企业间关系，涉及不同的行业特点，因此，有两种类型的标准：公共的和私有的。公共标准被跨行业的组织广泛接受，私有标准仅仅用于一些特定的行业和企业之间。不同的行业构建了一系列不同的行业通信标准，比如在美国，化工、铁路、汽车等行业都建立了它们行业范围内的EDI传输协议。①

标准使得企业IOS采纳与协调在技术上和经济上变得可行。同时，IOS又促进了组织向网络组织结构的转型。标准化的直接结果就是不同企业的应用系统之间实现接口兼容，从而实现数据实时处理和流程的融合。与组织内的一体化相似，这种系统之间的互联互通也会产生相当大的一体化效应。

假设11（H11）：IOS技术标准和管理标准既是成员企业采纳IOS的重要因素，也是IOS的治理机制。

综合以上3节的观点，组织间信息系统是由多个通过计算机和现代通信技术相互联系的企业构成的企业网络系统，它的治理既不同于组织内的信息系统可以依靠行政命令来协调，也不同于传统的仅仅依靠价格机制提供的短期经济激励。信任、权力和标准构成了它的主要治理机制。

---

① Crum, M. R., Premkumar, G., and Ramamurthy, K. An assessment of motor carrier adoption, use, and satisfaction with EDI, *Transportation Journal* (35: 4), 1996, 44.

组织间信息系统的各成员企业通过建立以契约关系为主的制度性信任，辅以社会关系的制约与关系互动中累积起来的集体身份认同，激励组织去履行承诺，防范机会主义行为。

发起采纳的企业往往是网络中的核心企业，拥有较高的中心度，也就有较强的影响甚至支配其他节点企业的权力；潜在采纳的企业较多地感受到来自发起采纳企业的权力。核心企业利用它的非强制性的权力来吸引和鼓励潜在采纳企业的响应采纳，通过改变潜在采纳者的认知，建立相互信任的氛围，巩固和加强彼此的关系，并在 IOS 的运行中实施监督和激励，形成 IOS 所有成员企业都能获利的多赢局面。

标准是组织间信息系统的技术规范和管理规范，是企业间相互作用的一种机制，组织之间通过标准进行合作，从而产生出网络效应。

综上，IOS 关系治理各因素如表 4 – 3 所示。

表 4 – 3　　IOS 关系治理因素列表

<table>
<tr><td rowspan="6">IOS关系治理</td><td rowspan="2">信任</td><td>制度性信任</td><td>通过契约来规制 IOS 参与各方的行为，公开的监测机制，法律约束，鉴定机制，反馈机制以及合作规范</td></tr>
<tr><td>基于关系的信任</td><td>关系制约与互动中累积起来的集体身份认同、承诺</td></tr>
<tr><td rowspan="2">权力</td><td>影响</td><td>核心企业通过其奖励、专家、咨询等权力影响其他企业的采纳决策行为</td></tr>
<tr><td>支配</td><td>核心企业通过其惩罚、强迫、控制等权力来支配其他企业的采纳决策行为</td></tr>
<tr><td rowspan="2">标准</td><td>技术标准</td><td>操作系统、数据库、网络协议、数据描述语言、应用系统接口兼容、数据交换</td></tr>
<tr><td>管理标准</td><td>商品和服务编码、规格、流程、清单、条例、评价、制度</td></tr>
</table>

4.5　基于 IOS 的组织间协作优势

Theodore H. Clark 和 Ho Guen Lee 的研究表明，尽管组织内部的协同已经被作为组织设计和竞争战略的重要因素，比如，在设计和制造部门间如何协同能够缩短新产品上市的时间等，但是，组织之间的协作、绩效等的研究还相当欠缺。IOS 能够使企业在非垂直一体化的情况下增加对环境不确定性的控制，在上下游企业间建立起稳固的渠道关系，从而获取收益，并证明了组织的绩效、相互依赖和协作是密切相关的。[①] 国内也有学者通过案例研究证实：环境不确定性会直接影响组织间协作和间接影响组织间 IT 采用[②]。

组织间信息系统的协作优势表现在给参与企业和整个 IOS 网络带来的利益、效率、柔性、流程变革等方面。

4.5.1 流程优化

Jason Dedrick，Kenneth L. Kraemer 等人关注于 IOS 对产业结构的影响，认为，一如组织内部的 IT/IS 应用可以引发组织内的流程重组、减少管理层级，组织间的 IOS 采纳和应用可以优化价值链，提高整个价值链的流程效率。[③] "IOS 的最佳应用不仅在于组织内流程的重新设计、重构或合理化，而且在于跨越很多组织的流程优化[④]。"

IOS 使能的企业间流程重构，有助于成员企业形成变革或替代原有流程的愿景，形成企业间的合作。并有可能引发流程重新配置和解构[⑤]。流程重新配置包括：消除、合并、转移和创造等，例如，通过 IOS 企业将库存控制和管理的责任转给供应商（卖方管理库存）、计算机订票系统将售票由承运人转向代理商等；解构是指 IOS 的使用可能使原来的处于价值链中间环节的企业被剔除。解构产生的原因在于 IOS 具有电子中介效果与整合效果[⑥]。

---

① Theodore H. Clark and Ho Guen Lee, Performance, interdependence and coordination in business - to - business electronic commerce and supply chain management, *Information Technology and Management*, 2000, 1, 1 - 2, 85 - 105.

② 曲刚、季少波、韩维贺、闵庆飞："环境不确定条件下组织间协作、IT 采用及协作绩效关系研究"，《信息技术采纳：理论发展与中国实践》，电子科技大学出版社 2006 年版，第 25—31 页。

③ Jason Dedrick & Kenneth L. kraemer, The Impacts of IT on Firm and Industry Structure, *California Management Review* VOL. 47, NO. 3 Spring 2005.

④ Konsynski, B. R., Issues in Design of Interorganizational System, In Cotterman, W. W., & Senn, J. A. (Eds.), Challenges and Strategies for Research in Systems Development. John Wiley & Sons, 1992, 43 - 63.

⑤ 钟铭：《企业间信息系统模式研究》，大连理工大学博士学位论文 2005 年，第 97 - 98 页。

⑥ Malone, T. W., Yates, J., and Benjamin R. L., Electronic markets and electronic hierarchies, *Communication of the ACM*, June, 1987, 30, 6, 484 - 497.

IOS 跨越企业边界的特点，使得 IOS 对企业流程的影响范围可以从企业内部的经营管理活动扩展到企业之间。因此，IOS 对流程优化的作用既体现在企业内部，也体现在整个网络。由于 IOS 支持的联合库存、合作营销、合作物流等应用，使得 IOS 成员企业通过流程变革，减少成本，扩大营销，提高响应速度，从而体现出组织间的协作优势。而且，网络的平均成本随着入网企业数量的增加而明显递减，其边际成本随之缓慢递减，但网络的收益却随着入网企业数量的增加同比例增加，企业网络的规模越大，总收益和边际收益越大①。

4.5.2　绩效

绩效既包括业务流程绩效（business process performance），也包括组织的绩效（organizational performance）。前者表示一系列组织在专门的业务流程中与效率提高相关的测量，比如流程设计的质量改善、库存循环周期管理的增强等；后者表示贯穿所有企业活动中的 IT 使能的绩效影响，比如成本减少、收入的增加和竞争优势等。②

Mukhopadhyay 和 Kekre 认为，企业利用 IOS 可以获得经营（operational）利益和战略利益，经营利益来自于手工处理工作量的减少、数据处理的精确性和管理费用的减少等；战略利益来自于通过 IOS 与伙伴形成的密切关系和因改善企业的竞争地位而产生的长期利益。③

Malone 等人认为，组织间信息系统广泛应用于协调经济活动会引起以下三种效应：一是电子通信效应，由于组织间信息系统可以增加通信效率，而使信息处理成本降低；二是电子经纪效应（electronic brokerage effect），由于组织间信息系统可以增加产品选择的数量，以及增加所选择产品的质量，从而可以减少产品选择过程的成本；三是电子集成效应，组织间信息系统可以使供应商和客户之间的连接变得更加紧密。④

---

① 刘东著：《企业网络论》，中国人民大学出版社 2003 年版，第 205 页。

② Nigel Melville, Kenneth Kraemer and Vijay Gurbaxani, Review: Information Technology And Organizational Performance: An Integrative Model of IT Business Value, *MIS Quarterly*, Vol. 28 No. 2, pp. 283 – 322/June 2004.

③ Mukhopadhyay, Triads; Kekre, Sunder., Strategic and operational benefits of Electronic intergration in B2B procurement processes, *Management Science*, 2002, Vol. 48 Issus 10, 1301 – 1313.

④ Malone, T. W., Yates, J., and Benjamin R. L., Electronic markets and electronic hierarchies, *Communication of the ACM*, June, 1987, 30, 6, 484 – 497.

Sokol 和 Aggarwal 等人的研究表明，企业实施 EDI 可以获得直接的和间接的利益。直接的利益是指实施 EDI 的眼前利益，比如，手工业务交易成本的减少、信息交换和处理速度的提高、库存的降低、现金流的改善、信息质量的提高；间接利益需要在较长的时间内才能获得，比如，及时的信息有助于更好的决策，有助于改善伙伴关系、有助于客服水平的提高、有助于竞争能力的增强①②。

4.5.3 柔性

有学者从组织柔性的视角对 IOS 进行研究，研究表明，企业的确在使用 IOS 中得到了柔性，通过 IOS 提高了组织的效率、提高了企业快速反应的能力，提高了多样性（versatility）和鲁棒性。③

假设 12（H12）：组织通过 IOS 相互合作，取得协作优势以抵御环境的不确定性，协作优势又反馈于组织，成为组织采纳 IOS 的因素。

综上，IOS 成员企业协作优势如表 4－4 所示。

表 4－4　　IOS 协作优势因素列表

IOS协作优势	流程	流程重新配置	组织内或组织间流程的合并、转移、创造
		解构	组织内或组织间某些流程的消除
	绩效	直接	降低库存、盈利提高、成本降低、质量和效率的提高
		间接	巩固伙伴关系、市场份额、顾客满意度、竞争优势
	柔性	鲁棒性	健壮性，稳定性，组织对不确定性的适应和响应能力
		多样性	扩展控制范围，组织对未来情形的反应能力
		响应效率	增强了响应速度，也就是增强了快速变化的能力

① Sokol, P. K. *From EDI to Electronic Commerce: A Business Initiative*, McGraw－Hill: New York, 1995.

② Aggarwal, R., Rezaee, Z. and Soni, R., Internal control considerations for global electronic data interchange, *International Journal of Commerce and Management*, 1998, Vol. 8 Nos 3/4, 71－84.

③ William Golden & Philip Powell, Interorganizational information Systems as Enablers of Organizational Flexibility, *Technology Analysis & Strateggic Management*, Vol. 16, No. 3, 299－325, SEP. 2004.

4.6 因素汇总与假设陈述列表

综合以上因素识别，包括各因素的研究模型如图4－6所示，研究假设陈述汇总如表4－5所示。

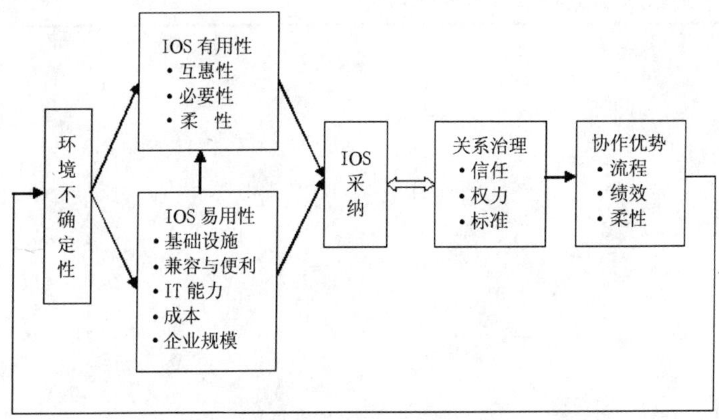

图4－6 基于过程的组织间信息系统采纳与治理影响因素模型

表4－5 假设陈述汇总表

	假设陈述
H1.	通过合作追逐共同利益的互惠性是组织采纳IOS的动机之一
H2.	竞争的压力和IOS的比较优势是企业采纳IOS的重要因素
H3.	组织内与组织间的柔性需求，即组织对效率、响应能力、多样性和鲁棒性的追求是组织采纳IOS的动机之一
H4.	拥有必要的信息系统基础设施的企业更有可能率先（Proactive）采纳IOS
H5.	IOS的使用便利性和兼容性影响组织对IOS的采纳行为
H6.	企业IT能力影响着IOS的采纳和吸收
H7.	协调成本和生产成本多寡的对比影响企业对IOS的采纳
H8.	大企业倾向于发起（proactive）采纳IOS，小企业更倾向于响应（reactive）采纳IOS
H9.	能否与伙伴企业建立起信任关系以及信任机制是否健全影响着组织对IOS的采纳，信任机制协调着企业间的关系

续表

	假 设 陈 述
H10.	拥有较大权力的核心企业依其影响力和支配力会发起采纳 IOS，并扮演着整个价值链的协调者和流程变革者的角色；在权力结构中处于弱势地位的企业会响应采纳 IOS
H11.	IOS 技术标准和管理标准既是成员企业采纳 IOS 的重要因素，也是 IOS 的治理机制
H12.	企业通过 IOS 相互合作，取得协作优势以抵御环境的不确定性，协作优势又反馈于企业，成为企业采纳 IOS 的因素

第5章
研究设计与方法

Robert K. Yin 指出，案例研究是社会科学研究的多种实证方法之一，其他研究方法还包括：实验、抽样调查、历史分析、档案资料分析等等。每一种研究方法都有其长处与不足，采用何种研究方法，取决于研究的具体问题。本书的研究问题适于案例研究方法，所选案例涵盖了 IOS 的基本类型，两个系统也都经历了较长时间的实践检验，产生了良好的经济和社会效益，所选案例有足够的典型性和代表性。采用了嵌入性的多案例研究，介绍了受访企业和部门以及证据资料的来源渠道和分析方法。最后是两个案例的梗概呈现。

5.1 案例研究方法的选择

上一章，通过理论分析和文献梳理建立了研究的概念模型，提出了研究假设。从本章开始，将以此概念模型为依据，结合国内较成功的组织间信息系统的实例进行解释性的案例研究。

通过实证研究试图印证概念模型，并揭示：

1. IOS 成功采纳和运行的因素是什么？
2. IOS 是怎样协调运行的？它的治理机制是什么？
3. IOS 中的成员企业是怎样相互协作获取协作优势的？

5.1.1 采用案例研究的原因

本书采用案例研究方法是基于以下考虑：

1. 作为一种研究思路的案例研究的适用范围。Robert K. Yin① 指出：作为研究工具的案例研究与作为教学用的案例是截然不同的。作为研究工具的案例研究是社会科学研究的多种方法之一，其他研究方法还包括：实验、调查、历史分析、档案资料分析等等。每一种研究方法都有其长处与不足，采用何种研究方法，要考虑三个条件：①需要解决问题的类型；②研究者对研究对象的控制能力；③关注的重心是历史现象抑或是当前问题。一般说来，案例研究适用于以下三种情境：需要回答“怎么样”、“为什么”、“是什么”的问题时；研究者几乎无法控制研究对象时；或者关注的重点是当前现实生活中的实际问题时。案例研究方法契合了本书的研究问题。

2. 受我国企业信息化程度和相关资源的限制。预调研中发现国内大多数企业还不具备 IOS 支持相互协作的特征，“在中国企业信息化中，大多数企业正在步入的应用数据处理（DP）阶段，只有极少数最先进的公司正在开始建立组织间信息系统（IOS）以支持 ERP 项目的成功实施②”。这种现实情况为寻找足够的样本空间，通过统计抽样调查方法开展研究带来了难度。

3. 当研究者可以精确的、直接的、系统的控制事件过程时，才可以用实验法③。显然，对本书的研究而言，现实事件是不可控的。

4. 案例研究方法适合于研究发生在当代但无法对相关因素进行控制的事件。案例研究采用的方法与历史分析方法大致相同，但它比后者多了两种资料来源：（1）直接观察事件过程；（2）对事件的参与者进行访谈。虽然案例研究与历史分析法有相同之处，但案例研究的长处在于，他与传统的历史研究方法相比，获得资料的来源渠道更多、更广泛——文件、档案、物证、访谈、观察等。除此之外，在某些情况下，例如通过参与性观察，案例研究方法可以对研究对象进行某种程度的非正式的控制。

---

① 参见［美］Robert K. Yin 著，周海涛主译：《案例研究设计与方法（第 3 版）》，重庆大学出版社 2004 年版，第 1—5 页。

② McFarian, F. W., G. Chen, and K. Reimers, “Digital China Holdings Limited: ERP as a Platform for Building New Capabilities”, Harvard Business School Case Study, No. 9 - 302 - 080, Boston: Harvard Business School Publishing, May 21, 2002.

③ 参见［美］罗伯特·K. 殷著，周海涛主译：《案例研究设计与方法（第 3 版）》，重庆大学出版社 2004 年版，第 10 页。

5.1.2　案例研究的主要特征①

1. 分析归纳法。值得注意的是，尽管案例研究是一种比较独特的实证研究方法，但许多研究者还是对其持有偏见。对此，Robert K. Yin 指出：对案例研究持有异议的人可能抱怨，“怎么能从一个案例归纳出结论?”，实验法也常常被质疑，“怎么能从一个实验中得出结论?”。事实上，科学实验极少是基于一个实验的，它们通常是根据不同条件下进行的一系列实验而得到结论的。案例研究也可以采用类似的方法，设计多个案例研究，使其能够相互印证。案例研究如同实验研究一样，同样可以通过归纳得出具有理论色彩的结论。案例研究是通过案例分析归纳出理论，而不是像抽样调查方法那样通过统计推断归纳出理论。

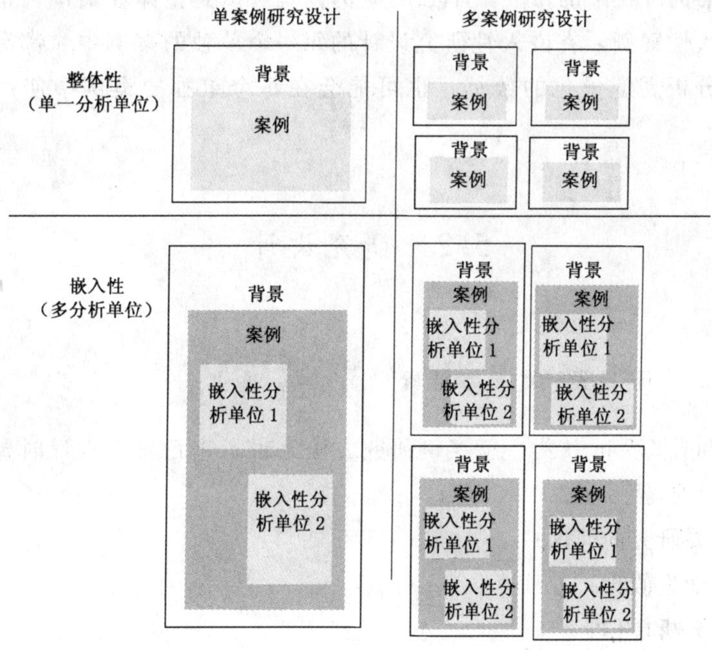

图 5－1　案例研究的基本类型

2. 案例研究是一种实证研究。Robert K. Yin 指出：案例研究是一种

① 参见［美］罗伯特 · K. 殷著，周海涛主译：《案例研究设计与方法》（第 3 版），重庆大学出版社 2004 年版，第 15—20 页。

实证研究，它在不脱离现实生活环境的情况下，研究当前正在进行的现象；但研究的现象与其所处环境背景间的界限并不十分明显。比如，实验法可以把现象从其前后联系或背景中分割出来，把关注的焦点集中在少数几个变量上，典型的做法是在实验室中对环境背景进行严格的限制。调查法可以同时考虑现象及其前后联系，但它对前后联系的探讨是极其有限的。比如，研究者在制定调查方案时，为了能回收到足够的调查问卷，不得不限制变量的数量。

3. 案例研究的基本类型。案例研究可以有单案例与多案例之分，根据分析层次又有单一分析单位和多分析单位。这四种研究构成如图5－1案例研究的基本类型的2×2矩阵，即：整体性单案例研究设计、整体性多案例设计、嵌入性单案例研究设计、嵌入性多案例研究设计。

多案例研究中的每一个单独的案例，既可以是整体性案例，也有可能是嵌入性案例。在嵌入性研究设计的每一个单独的案例中，都有可能收集并分析高度量化的数据，也可能会在每个单独的案例中使用统计技术。

5.2　研究设计

5.2.1　研究设计的基本要素

Robert K. Yin 认为，就案例研究方法来说，进行研究设计时要注意以下5个要素：

1. 要研究的问题；
2. 理论假设；
3　分析单位；
4. 连接数据与假设的逻辑；
5. 解释研究结果的标准。

本书要研究的问题已在上一章和本章开始时明确给出；“理论假设是关于行为、事件、结构等为什么会发生的假设，理论假设能够很大程度上决定应收集哪些数据，采用何种方法分析数据，因此，在收集数据之前进行理论建构是案例研究的一个非常重要的环节。”[①] 本书的理论模型建构和假设的提出已在上一章完成；本书的分析单位是构成组织间信息系统的成员企业；研究变量的含义已在上一章逐项给出。

5.2.2 案例的选取

在具体的案例选择上，力求选择国内较成功的 IOS 案例，并力求具有相应的代表性。

根据组织间信息系统的定义，IOS 一般可归结为两大类：一类是 Cash 的定义，即：组织间信息系统是被两个或更多个组织所共享的一个自动化的信息系统[②]。通过众多旅游代理商的美国航空售票系统是这类系统的一个应用范例。另一类是至少两个组织的信息系统通过诸如 EDI 等形式的电子连接而致的外部系统集成（External system integration）[③]。B2B 电子商务系统应属于这一类。因此，在研究案例的选取上，本书力求考虑以上两种类型的 IOS。

基于此，本书选择中国铁路计算机售票系统、山东三联家电类电子商务与现代物流系统作为研究案例。

1. 山东三联家电类电子商务与现代物流系统。山东三联集团有限责任公司是山东省政府重点培植和实行省级计划单列的特大型企业，是一个以服务业为主导产业的综合性经济组织。2000 年，通过在资本市场重组“郑百文”，三联旗下的三联商社成为中国第一家家电连锁经营上市公司（600898）。2001 年底，科学技术部就“区域电子商务与现代物流示范工程”课题向全国公开招标，先后有北京、天津、上海、重庆、济南等 12 个城市竞标。三联集团代表济南市参加项目投标，并首批中标。于是，三联的“电子商务与现代物流平台”成为济南市电子商务与现代物流应用示范工程——中国“十五”国家重点科技攻关项目，中国唯一的家电类电子商务与现代物流应用示范工程。目前，三联

---

① ［美］罗伯特·K. 殷著，周海涛主译：《案例研究设计与方法》（第 3 版），重庆大学出版社 2004 年版，第 33 页。

② Cash，J. I.，“Interorganizational Systems：An Information Society Opportunity or Threat?”，*The Information Society* 1985，3（3），199 - 228.

③ Swatman，P. M. C. and P. A. Swatman，“EDI System Integration：A Definition and Literature Survery”，*The Information Society*，1992，8，169 - 205.

采取三种方式与上游家电厂家实现了信息系统的互联互通：

(1) 以海尔等为代表的B2BI（Business to Business Integration，厂商信息系统集成）方式。实现企业间信息系统信息与功能的完整集成，相互操作，使业务真正实现网络化运作。

(2) 以TCL等为代表的ASP（Application Service Provider，应用服务提供者）方式。上游家电企业可以通过互联网访问，了解其产品在三联连锁店的实时销售情况，实现了包括订单处理、自动补货等功能。

(3) 以厦华电子等为代表的流程彻底融合方式。厦华等加入电子商务与现代物流系统，将自己原先在山东各地所设的仓库、运输等物流环节撤掉，交由三联运作，真正减少了企业间的流程环节，实现了一体化物流。

三联还依托该平台，对下游分销商，通过ERP、B2B、POS等系统，实现了商流、信息流、物流的全面集成，使系统的分销效率大幅提高。

由此可见，三联采取了上述IOS的两种方式，使传统的上下游伙伴企业关系进一步提升为电子伙伴关系。

2. 中国铁路客票发售和预订系统。中国铁路客票发售和预订系统是国家“九五”重点科技攻关项目，于1996年立项，1999年完成。该成果获1999年度铁道部科技进步一等奖、2000年度国家科技进步一等奖，还作为中国唯一项目入围2000年度Computer World Smithsonian国际信息技术奖，最终荣获决赛奖，也是该奖项第一次授予中国的应用系统，其成果被美国国家历史博物馆信息技术馆永久收藏。

中国铁路客票发售和预订系统可以提供上万个窗口机同时联网售票，每年客运量超过10亿人次，是世界上规模最大的铁路客票发售和预定系统，同时也被誉为全世界规模最大的联机事务处理（OLTP）系统。中国铁路客票发售系统的采用不仅有利于优化运力配置，也是适应市场需求变化，通过信息系统与伙伴企业相互合作，共同构建客票销售网络，开展客票营销的重大举措。

依托铁路客票售票订票系统，大大拓展了售票的渠道，代售企业成为旅客购票的一种新的选择。据估算，全国现有代售企业4000余家。客票售票订票系统促成了新的组织间关系的形成，使得原本没有直接联系的企业结成电子合作伙伴关系，构成了庞大的代售网络。

铁路客票售票订票系统显然属于Cash定义的“组织间信息系统是被两个或更多个组织所共享的一个自动化的信息系统”之类型。

3. 分析层次。为了提高研究的效度，本书采用嵌入性的多案例研究。即采用多案例，每一案例又同时并存不同的分析单位。也就是，选取上述两个企业网络作为研究对象，在每个网络中，以IOS发起方的核心企业为主要分析单位，对核心企业内部的不同部门进行调研，同时有代表性的选取IOS响应企业为整体性的分析单位。

综上，所选案例涵盖了IOS的基本类型，两个系统也都经历了较长时间的实践检验，产生了良好的经济和社会效益。因此，本书认为，所选案例有足够的典型性和代表性。

5.2.3　资料收集与分析方法

1. 资料的来源与获取方式。Robert K. Yin强调：“案例研究方法对于研究者的智慧、情绪、自尊心的苛求程度远比其他方法高得多。这是因为案例研究的资料收集工作并未形成惯例，没有经历常规化、程式化的过程”。如何接近受访者并取得有用的资料，可能是每一个案例研究者要面对的难题。本书的研究通过两条路线并驾齐驱来实现这个目的。

（1）利用教育部、商务部组织的2006年企业电子商务案例调研编写课题的机会，引起受访者的兴趣，与受访者电话预约，安排时间面访。向受访者出示课题承担单位中国人民大学管理科学与工程研究所和中国信息经济学会出具的介绍信（见附录1）以及教育部的有关函件(见附录2)。根据第4章的理论模型和假设事先准备好访谈提纲（见附录3)，向受访者讲明研究的意义，争取对方的理解和支持。

（2）充分动用个人的“社会关系网络”。笔者曾在济南铁路局从事了12年信息系统建设与技术管理工作，亲自参加了铁路计算机售票系统在济南铁路局辖地的实施。尽管离开铁路系统已近10年，当年的老领导、老同事、老同学还是对我的造访给予了最大的支持，亲自接待或介绍受访者。使我有机会与车站、代售企业等接触。笔者现在供职学校的一位老师曾在三联商社任一部门经理，她引荐并与我一起进行了部分访谈。三联集团的一位高管人员多年前曾在我校任教，这层人脉关系的启用，对后来的调研起了重要的作用。具体调研企业或部门如表5－1所示。

表 5－1　　受访企业或部门列表

<table>
<tr><th></th><th>案例一</th><th>次数</th><th>案例二</th><th>次数</th></tr>
<tr><td rowspan="10">受访企业或部门</td><td>三联商社采购部</td><td>2</td><td>济南铁路局客运处</td><td>1</td></tr>
<tr><td>三联物流</td><td>2</td><td>济南站客运科</td><td>2</td></tr>
<tr><td>三联网上商城</td><td>1</td><td>济南站客运票房</td><td>3</td></tr>
<tr><td>三联 IT 支持部</td><td>1</td><td>济南铁路局计算中心</td><td>1</td></tr>
<tr><td>三联商社特许事业部</td><td>1</td><td>济南铁路局票务中心</td><td>2</td></tr>
<tr><td>三联百灵科技信息公司</td><td>1</td><td>建行济南铁路支行</td><td>1</td></tr>
<tr><td>三联集团办公室</td><td>1</td><td>山东世纪航空拓展有限公司</td><td>1</td></tr>
<tr><td>厦华电子（电话访谈）</td><td>1</td><td>济南东郊饭店</td><td>1</td></tr>
<tr><td>三联泰安连锁店</td><td>1</td><td>山东银通旅行社</td><td>1</td></tr>
<tr><td colspan="4">备注：每次访谈或实地观察，时间从 1 小时到 3 小时不等。</td></tr>
</table>

每次访谈，至少提前两天将访谈问题通过传真或电子邮件告知受访者，受访者一般都是企业或部门高层或中层负责人。每次访谈或实地观察至少一小时。访谈后 24 小时内将访谈内容整理成文字，反馈给受访者检查确认。

2. 证据资料的形式。本书的案例研究资料主要来自以下几种渠道：文献、档案记录、访谈、直接观察、参与性观察等（如图 5－2 所示）。

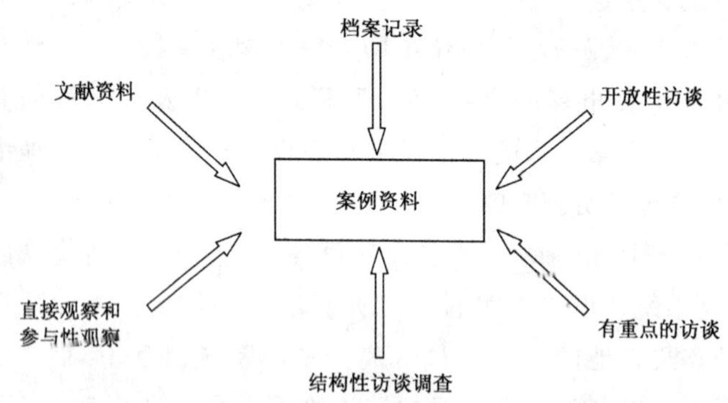

图 5－2　主要资料形式

3. 本书采用以下几种案例研究分析方法。

（1）总体的分析策略。遵循理论假设制订资料收集方案；考虑竞争性的解释；进行案例描述，衔接案例研究分析。

（2）模式匹配。将建立在案例实证基础上的模式与理论模型和假设相匹配，如果这些模式之间达成一致，研究结论会有理想的内在效度。将模式匹配在案例间逐项复制。

(3) 跨案例聚类分析。对两个研究案例的结果进行归类综合，编制文档表格，构建一个总体框架来呈现单案例的资料，以辨识和解释两个案例的共同点。

5.3　案例呈现

5.3.1　山东三联家电类电子商务与现代物流系统[①]

1. 三联集团简介[②]。山东三联集团有限责任公司是山东省政府重点培植和实行省级计划单列的特大型企业，是一个以服务业为主导产业的综合性经济组织。集团公司注册资金 20 亿元人民币，净资产近 40 亿元人民币，员工 2 万人。目前，三联集团在其所投资的房地产、商贸、电子信息、旅游、传媒等产业已经形成了在山东乃至全国范围的竞争优势。2004 年，三联集团成为国家重点扶持的全国 20 家大型流通企业之一，是山东省唯一一家入选的商贸流通企业。2006 年 9 月又入选了中国企业 500 强和服务业 500 强，分别居第 189 位和 67 位。

商贸业是三联集团的主导产业之一。2000 年，通过在资本市场重组“郑百文”，三联旗下的三联商社成为中国家电流通业内的第一家上市公司。三联商社经营收入自 1992 年开始连续 14 年居山东省首位，自 1998 年开始连续进入中国连锁业 10 强。目前拥有连锁店 254 家，并开设了家电专业销售网上商城 shop365。

2. 系统实施背景。家电流通业是中国市场化程度最高、竞争最激烈的行业之一。家电连锁经营的发展也走在了整个流通业的前列。截至 2003 年，国内家电连锁店的市场份额已占到了我国白色家电销售的

---

① 根据笔者开发的《三联：用电子商务整合家电供需链》案例整理缩写而成，该案例得到了教育部、商务部组织的 2006 年企业电子商务案例调研编写课题的资助，详情见教育部教高司函［2006］145 号、教高司函［2005］10 号。

② 参见三联集团网站 www. sanlian. com. cn.

45%，在沿海中心城市则高达60%以上。① 2000—2004年，我国前7名的家电零售连锁企业年平均增长率高达172%，其中三联家电连锁企业在全国连锁百强中名列前10名之内②。

然而，随着家电连锁经营企业的成长壮大，家电厂家与家电连锁零售企业之间的关系却日益紧张。这一方面表现在，围绕着对渠道控制权和利益分配等方面的激烈冲突时有发生，在零和博弈的双方相互挤压价格中两败俱伤，曾经曝出的国美等连锁企业与长虹等厂家的相互封杀，其原因大多如此。另一方面表现在，由于跑马圈地般的建设门店，租金和运营成本等居高不下，一些连锁企业在自有资金不足的情况下，利用延长结款日期、大量挪用厂方的货款或向厂方收取各种高额费用，来维持运营和高速扩张。这种以损害厂方利益获取发展的做法，必将使厂商关系陷入十分脆弱的境地，整个供应链随时都可能断裂。

山东三联秉承“领先半步，进入无竞争领域”的经营理念、和合共赢的价值选择思维，通过承担国家“十五”科技重点攻关项目——家电类电子商务与现代物流应用示范工程，实现企业向电子商务的转型，用电子商务与现代物流整合家电供需链，走出了一条与上下游企业信息共享、提高订单响应速度、降低群体企业物流成本，使厂家、商家和消费者都能受益的合作共赢的道路。

3. 系统主要功能。系统功能体现在一个平台、一套标准、一个模式，即：

（1）一个平台：如图5-3所示。通过利用三联自主开发的电子商务平台、CA认证、支付网关等技术成果，将ERP系统、物流管理系统、POS销售系统、分销管理系统、OMP（订单一体化管理平台）系统、B2BI系统、ASP系统有效集成，建立起一个贯通家电产业链的中立性、垂直性、增值性的综合信息整合、运营平台。依托该平台，对下游分销商，通过ERP、B2B、POS等系统，实现了商流、信息流、物流的全面集成，使系统的分销效率大幅提高；对上游供应商，根据其信息化程度提供两种接入方式：对信息化基础较薄弱的企业实施ASP（Ap-

① 叶为金、王骏：“连锁经营——主导家电销售的主渠道”，《家电科技》，2004年第8期，第12—15页。

② 葛建华：“业态创新改变市场竞争格局”，《财贸经济》，2006年第6期，第44—47页。

pliance Service Provider）模式，实现了包括订单处理、自动补货等功能；对已经具备成熟的 ERP 或电子商务平台的企业（如海尔等）实施 B2BI（Business to Business Integration，厂商信息系统集成）模式，实现信息系统信息与功能的完整集成，使业务真正实现网络化运作。

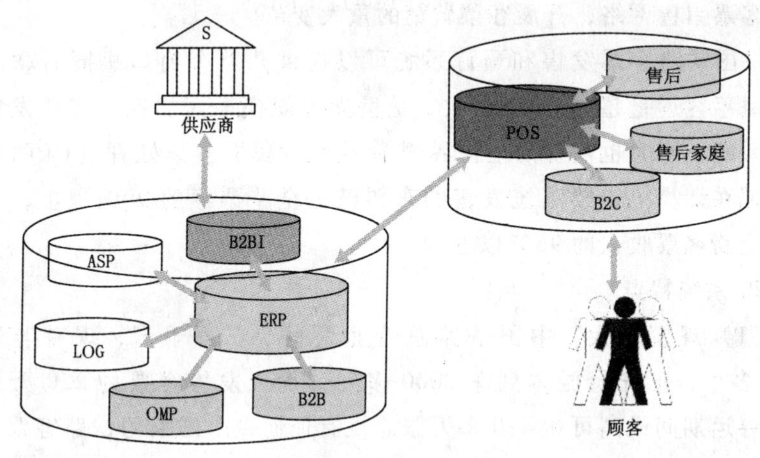

图 5－3　家电业综合信息整合、运营平台

（2）一套标准：家电业物流标准。通过承担“重要技术标准试点工作”，形成包括门店、商品、营销、信息化技术等系列标准；建立起家电业上下游相关企业共同参与的标准化产业链联盟；建立起以信息技术标准为基础的集成平台，实现了客户间的信息共享；通过物流标准的制定与实施，完善了联盟物流配送机制，从而为网络体系的拓展奠定了基础。

（3）一种模式：构建家电供应链联盟。依托综合信息平台和标准的支持，积极构建家电供应链联盟，建立起了包括上下游企业、物流服务商和银行等共同参与、共同决策的企业群体管理模式和“产销联盟、合作共赢”的商务运作模式。

截至目前，通过该系统已连接上游企业 56 家，下游分销商 128 家。

5.3.2　中国铁路计算机售票订票系统

1. 系统概况。在系统实施以前的相当长的时期，我国铁路售票一直使用手工发售硬板客票的方式。客票发售速度慢、售票范围受限制；票额分配僵化不变，有票额的车站可能客流不足，有客流的车站又可能票额不足，造成一方面旅客买票难，另一方面列车又严重虚糜的局面。售票网点太少，票额信息不能共享，不仅造成票额浪费，而且增加了旅客购票的困难。中国铁路客票发售系统的采用不仅有利于优化运力配置，也是适应市场需求变化，通过信息系统与伙伴企业相互合作，共同构建客票销售网络，开展客票营销的重大变革。

中国铁路客票发售和预订系统可以提供几万个窗口机同时联网售票，每年客运量超过10亿人次，是世界上规模最大的铁路客票发售和预定系统，同时也被誉为全世界规模最大的联机事务处理（OLTP）系统，现在计算机售票系统发售的车票已占全路票额的90%以上，收入约占全路客票收入的96%以上。①

2. 系统特点。

（1）规模庞大。中国铁路总营业里程7.5万千米，现有客运站5000多个，日开行旅客列车2000多列，每天发售客票约250万张左右，春运期间最高可达420多万张。没有任何一个国家的铁路客票系统具有如此庞大的规模。

（2）实时性强。中国铁路客票发售量不但大，而且热线车票和售票时间较为集中，在售票高峰时，会同时产生4000—5000个座席申请，其中有相当数量是对同一时间、同一车次、相同座席的请求。为保证响应速度，对网络时延的要求非常高，计算机处理一张票的总时间一般小于7秒，其中网络通信时延在2秒以内。

（3）票务管理复杂。中国是一个发展中国家，人口众多，铁路旅客运输是主要的交通运输方式。同时，随着公路、水运、航空等运输方式的发展，铁路也面临着空前的竞争压力。因此，运力不足与能力虚糜并存。在一些时段和线路，客票的发售和预订在数量上供不应求，因此，每一张客票均要精确地确定座席，并且是当日当次有效。加上票种繁多、票价复杂、票额预分、座席复用和规章较多等等，给数据组织和数据库管理增加很多约束条件和困难。而国外发达国家由于铁路运输能力是供远大于求，其主要客流集中在市郊和地铁，客运管理简单，对系统功能要求不高，除部分国家在预约客票中考虑了座席外，大量的售票

① 王军、刘玉煌：“铁路客票发售和预订系统”，《中国铁道科学》，2001年第22卷第3期。

业务都不必处理座席信息，其系统的复杂度比中国小得多。

(4) 多级网络结构。由于国外的同类系统起步较早且通信发达，大多数采用集中处理的主机终端方式，而我国幅员辽阔，通信条件差别较大，根据实际情况，采用了集中与分布相结合的客户机/服务器体系结构。

3. 总体结构。根据我国地域辽阔，铁路点多线长的特点，考虑到我国铁路客运管理体制和通信基础设施的实际情况，借鉴国外的成功经验，特别是欧洲各国铁路联网售票模式，采用了集中与分布相结合的体系结构，设立一个中央数据库和若干个地区数据库，在地区数据库中存储本地区始发列车的座席数据。既便于异地购票、座席复用、信息共享，又相对减少了网络的开销。综合考虑各地区数据库所覆盖的客运量、列车数、快车营业站数的均衡性，建立了 1 个全路中心数据库和 25 个地区中心数据库，如图 5－4 所示。

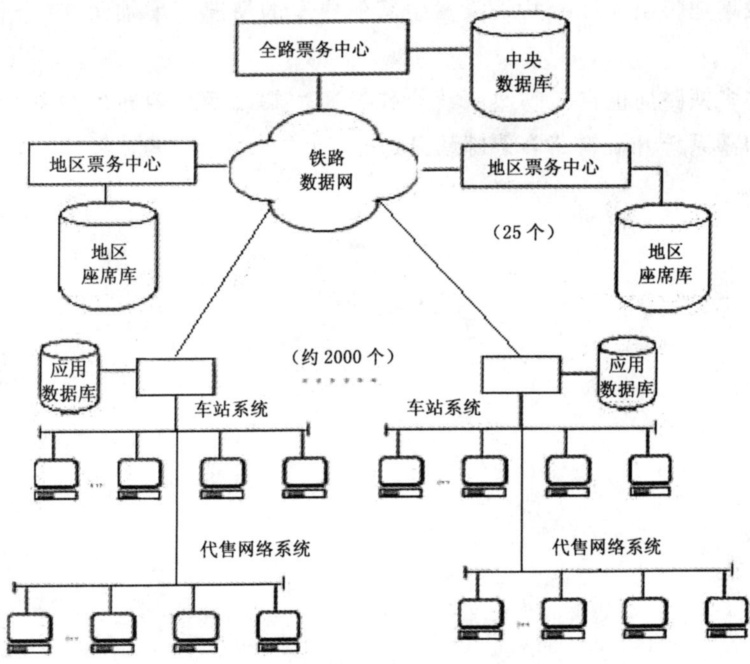

图 5－4 铁路客票售票系统

4. 代售网络的出现。在客运市场日益激烈的竞争环境下，铁路运输企业积极开展客运营销已经成为必需，而售票信息系统的建成，使得铁路企业与伙伴企业相互合作，共同建设客票营销网络成为可能。因此，系统的建成不但推动了铁路作为传统产业的技术进步，而且促进了铁路客运体制的改革。更为可喜的是，计算机售票系统已经跨越了铁路企业的边界，形成了一个包括多个节点企业的企业间网络。依托该信息系统，全国各铁路局都积极推行了客票代理销售方式，形成了包括银行储蓄网点、酒店、旅行社、广告商、提供替代服务的竞争对手——航空、水运、公路运输的售票点、在住宅小区、高校区等地的代售点、信道提供商等在内的铁路客票营销网络。据金明东、刘晓岚等人在成都铁路局的调研，截至2003年，成都铁路局所辖车站已建设207个客票代售处，代售处的客票收入占整个铁路局客票收入的24%[①]；笔者在济南铁路局所进行的调研表明，截至2006年底，济南铁路局共发展297个代售处，代售处的客票收入已占整个铁路局客票收入的30%左右[②]，其中在济南市及其周边地区与济南站相连的代售点有79个，相当于济南站在没增加售票大厅、几乎没发生其他成本的情况下增加了79个售票窗口。[③]

许多铁路局也在与邮政系统合作，通过邮政系统遍布城乡的网络，利用售票系统开展铁路客票邮政订送业务。

① 金明东、刘晓岚："铁路客票销售网络的建设与发展研究"，《陕西工学院学报》，2003年第19卷第4期，第73—76页。

② 本节资料来自对济南铁路局客运营销处李果副处长的访谈。

③ 本节资料来自对济南站票房主任李妍的访谈。

第6章 案例分析与发现

根据对国内两个成功的组织间信息系统调研所得资料，运用模式匹配、逐项复制和跨案例聚类分析等方法，通过案例事实印证了研究模型和研究假设，发现了影响组织间信息系统采纳、治理与合作的主要因素。由于研究模型和假设构建时，主要考虑的是企业内和企业间的微观环境，在调研和案例分析中发现，政府的政策与支持等宏观因素对企业的 IOS 采纳具有重要的作用。用社会网络分析软件 UCINET 对铁路客票代理网络进行了中心性分析，发现发起 IOS 的核心企业与骨干企业一起构成了基于 IOS 的企业网络中的骨干网，骨干企业在 IOS 的治理中起着重要的作用。据此，对研究模型做了补充和修正。

6.1 IOS 的有用性分析

组织采纳一项创新技术，只有当它比现存的技术能提供更大的利益，使用户感知到技术相对优势内在需求的拉动①。在 IOS 扩散中，从组织层面考虑，IOS 必须在组织需要的“拉动”下才可能被采纳。本书中，组织对 IOS 需要的感知被定义为 IOS 的有用性。有用性包括：互惠性、必要性、柔性。柔性表现为组织内和组织间的响应性、效率、多样

① Rogers, E. M. *Diffusion of Innovations* (*Fourth Edition*) [M]. The Free Press, New York, USA, 1995.

性和鲁棒性。[①]

6.1.1 基于案例一的分析[②]

1. 从供应链企业间的价格挤压到互惠合作。对于为什么要通过电子商务与现代物流平台和家电业物流标准来构建家电供应链联盟，三联商社股份有限公司总经理于其华曾这样分析道："随着家电产能的日趋扩张，产品全面过剩，家电产品价格在过去10年间持续下跌；同时家电流通企业竞争日趋激烈，价格战导致运营成本不断增加，随着经营的专业化、规模化，降低经营成本的空间已经十分狭小，而人工、租金等成本呈逐步上升趋势。上述价格和成本的发展态势，使得家电流通业赢利空间日益压缩，目前行业毛利率仅在11%左右。在这种情况下，出现家电流通企业盈利方式扭曲化（主要靠压榨供应商获利）、大打"价格战"等恶性竞争行为，出现连锁经营"规模不经济"现象。这种增长方式必然是不可持续的。当外资家电流通巨头大规模进入之时，整个家电流通业的发展面临严峻考验。这种竞争形势，要求家电流通企业的经营视角必须从企业自身转向整个供应链。据统计，当前家电商品直接成本仅占54%，流通成本高达46%。通过发展基于电子商务的现代物流可以提高供应链整体效率实现增长方式转型、实现合作共赢。"[③]

也就是，三联试图通过IOS连接上下游企业，以实现信息共享，实现包括订单处理、自动补货等功能，从而提高供应链成员企业整体效率、使成员企业通过共同压缩46%的物流成本获益。改善家电上下游企业间的价格相互挤压而致的紧张的厂商关系。显然，这是一种互惠的动机。

2. 从同业竞争到蓝海战略。家电流通业是中国市场化程度最高、竞争最激烈的行业之一。连锁经营作为一种对传统业态的创新，自20世纪90年代前后进入中国，与中国高速发展的经济、迅速增长的消费

---

① W. Golden & P. Powell, Inter - organizational Information System as Enablers of Organizational Flexibility, *Technology Analysis & Strategic Management*, Vol. 16, No. 3, 299 - 325, Sep. 2004.

② 本部分资料主要来自对三联采购部张经理、三联网上商城刘勇经理、三联物流公司张金玲女士等人的访谈。

③ 引自三联集团总裁、三联商社股份有限公司总经理于其华在2006年9月于济南召开的第三届国际信息技术博览会上的讲话。见三联集团内部报纸《三联报》，2006年9月16日。

需求相结合，快速成长为零售行业中最有竞争力、发展最迅速的经营模式，代表了流通领域及其他服务行业发展的最主要的趋势。面对通过门店扩张迅速走向全国的其他家电连锁经营商，国内最早开始家电专卖和连锁经营的山东三联却稳居山东隐忍不发，悄然开始了向电子商务业态的全面转型。

正如三联集团董事长张继升 2006 年 4 月于第二届山东企业家高峰论坛上的讲演所言："理想的境界是'领先半步，进入无竞争领域'，就是要通过人才、技术、品牌等资源的积累，通过规模档次的提升，通过经营机制和管理模式的创新，营造出'无竞争的环境'，实施差异化竞争。本着这一原则，三联不与竞争对手打消耗战，而是聚焦优势、特色经营，超越竞争。三联家电的三次业态革命，就很突出地体现了这一点：1985 年的家电专营，使三联和当时的大商场形成了差异化，获得了专业化的优势；1992 年开始，三联率先在国内尝试连锁经营，先后在山东及周边区域发展连锁店 200 多家，家电维修站 260 多家，形成了全国规模最大的家电连锁经营网络和维修服务网络，获得了规模经营的优势。三联商社也因此持续多年跻身全国商业十强；适应网络时代流通业现代化的发展要求，2000 年三联商社又开始实施第三次业态革命，向电子商务与现代物流全面转型。2001 年起，投资了上亿元，先后实施了国内商业流通业最大规模的 ERP 系统，承担了国家"十五"科技攻关项目——电子商务与现代物流示范工程，建立了全国第一个宽带网上商城——SHOP365。在其他商业企业都在竞相打价格战的时候，三联家电已经依靠所形成的敏捷供需链，形成了'区域物流中心 + 旗舰店 + 直营店 + 特许店 + 网上商城'的立体化流通网络体系，形成了'区域复制'的扩张模式。通过业态革命的领先半步，三联商社在竞争中日益发展，并形成了独具特色的核心竞争力。"①

3. 与下游企业的互惠合作。三联通过 ERP、B2B、POS 等系统实现与下游连锁加盟企业的互联互通，培育大规模网上分销能力，培育对上游家电生产厂商的需求拉动。2002 年 5 月，开始向连锁店推广使用 ERP 与 B2B、POS 信息系统，到目前，共有 200 多家连锁店使用三联总部的信息系统用于经营管理。连锁店的采购、退换货、信息管理等业务

① 摘引自三联集团内部报纸《三联报》，2006 年 4 月 26 日。

已经全部实现网上处理。分销系统包括客户端平台和总部端平台两个模块。客户端实现采购管理、退换货管理、库存和销售管理、信息管理等功能，实现连锁店与总部的信息共享，提高了供货和对客户的反应速度。总部端平台实现总部对连锁店的订单管理、查询总部库存、退换货管理及总部对促销信息、调价信息、产品信息、培训信息的发布和维护。

通过与上游供应商信息系统的互联互通，三联总部及其连锁加盟店可以明显感受到以下互惠合作优势，因此，深受连锁加盟店的欢迎。

（1）及时了解供应商的促销信息，产品推广活动；

（2）及时掌握供应商产品的库存信息；

（3）及时掌握供应商产品的新产品信息；

（4）网上账务，既包括与供应商的，也包括三联集团内部的财务实现网上核算，与订单系统集成；

（5）实现产品规模订制。

4. 与上游企业的互惠合作。面向上游供应商，三联应用 B2BI（Business to Business Integration，厂商信息系统集成）、ASP（Application Service Provider，应用服务提供者）、一体化订单平台、物流管理系统等整合上游资源。2002 年 9 月，率先向 LG 公司推广使用 ASP 进销存信息查询。同时开始推广 ASP 商务运作模式。通过试运行和实践的检验，2003 年 6 月，三联又将 ASP、B2BI 等系统版本升级功能扩充。截至目前，共有海信、TCL、康佳、LG、西门子、科龙、松下、东芝等 56 家供应商使用了 ASP 进销存信息查询系统。通过企业间的信息系统，上下游企业之间可以适时地了解库存、销售、顾客、促销等信息，实现网上账务清算、产品规模定制等功能。

2002 年 10 月，率先与海尔集团采用 B2BI 模式的信息系统对接项目试运行。以青岛海尔为代表的 B2BI 模式是在供应商自己具备成熟的 ERP 系统或电子商务平台的情况下，通过 WebService 实现厂商的信息平台的集成，连接供应链上下游环节中各企业的信息，使上下游企业的信息系统实现信息与功能的完整的集成。实行对接后，双方实现了完全的信息交互，使得各自的生产、销售计划更加高效有序。

上游供应商通过以上系统可以获得以下的收益，因此，系统较顺利地被供应商所接受。

(1) 及时了解山东市场信息；

(2) 可以分享三联家电的整个连锁分销渠道中所有有关该供应商的信息；

(3) 掌握整个渠道中产品的库存状况；

(4) 掌握整个渠道中产品的销售状况；

(5) 促销信息的无时延传播；

(6) 连锁渠道中的顾客信息；

(7) 连锁渠道中的产品需求信息。

三联董事长张继升曾认为，电子商务与现代物流示范工程至少在三个方面对家电制造商带来巨大收益：第一，减少流通环节，降低厂家的大量成本，这是厂家的核心追求，营销人员减少，甚至不需要在全国各地建立办事处，广告费、物流成本大幅度降低，困扰企业的一些大的问题就可以解决。第二，厂家能够及时详尽地了解消费者日趋多样化需求。在联盟的客户管理系统里，厂家可以跟踪到产品的每一个客户，可以分析每一个产品大类的销售趋势。第三，这种一体化信息化建设是厂家迫切需要的，能够和商家的链条真正连起来，打通从生产者到最终用户的高速通道。对家电销售商来讲，三联保证提供给他的是该地区最低价格的家电产品，因此这个联盟的成立也得到了他们的支持。

5. 流程重构与融合。三联用信息系统整合上下游资源是企业间互惠合作的过程，也是企业内部和整个供应链流程优化和融合的过程。

根据三联物流总经理高金玲女士的介绍，三联将原本是系统内部的连锁配送部门打造成定位于提供 3C 服务的专业物流供应商。也就是以提供计算机（Computer）、通信（Communication）和消费类电子产品（Consumer Electronics）为主的第三方物流提供者。三联物流是三联商社 3C 产品的专门物流服务提供商，经过 20 年的经验积累，已形成一套成熟的，专为 3C 产品提供区域性物流的服务体系，服务网络遍布山东全省，并延伸至县级市场。尤其是与上游 300 多家供应商、下游 200 余家连锁店都建立了战略联盟合作关系，通过资源整合、运作集成、第三方物流项目，在运作技能、第三方物流服务意识等方面都拥有了丰富经验。如今，三联物流可以提供仓储、运输、装卸、商检、反向物流、信息和投保等全方位的服务项目，成为行业中的佼佼者，并于 2006 年 7 月 7 日入选 2005 年度山东省物流与采购行业综合实力 50 强企业。

三联为自己确立的物流战略目标是，通过资源整合，成为家电领域最大的物流分销商。而他们把新建的物流基地定位在：一期建成专业的家电物流基地，代理买断家电品牌，行销网络遍布山东省，做成外来家电品牌进入山东的唯一渠道；二期建成山东物流基地，全面代理物流业务。按照三联对其物流的初步规划，基地将占地10万平方米，专业仓库5万多平方米，包括立体仓库2个、平台仓库3个。内建1条货运铁路专用线，4个专用风雨站台。车型齐全（从0.6吨至10吨），定制三联物流专用箱式车。拥有辐射山东省各地级城市范围的运输、配送网络。三联正积极向省外拓展物流业务，逐步建立省级RDC（省级配送中心），根据公司规划，到2010年，三联将在全国范围内建成26个省级RDC。一个RDC可以覆盖半径为500千米的区域，建好一个省级RDC，三联就基本实现了在该省的扩张，因此，这种扩张模式远比分店扩张模式迅速、有效，扩张成本也更低。三联物流的组织和功能的不断创新，为三联开展电子商务提供了保障，突破了电子商务的最大软肋，即物流配送的瓶颈制约。

原本属于企业外部的流程，如今已经成为企业内生产和管理的一个重要环节。比如，访谈中，高金玲女士曾讲过这样一个小故事：三联为了验证电子商务平台对厂家到底有多大作用，一天，曾故意关闭了这个平台，结果厂家们接二连三地打来电话，询问怎么回事。其中一个南方的家电企业说："赶快开通吧，要不我们真不知道怎样办公了。"

电子商务与现代物流平台对企业间流程的优化还特别表现在，2002年9月，三联与厦华电子达成战略合作，双方共同尝试运作一种全新的家电生产、流通的供应链体系。根据协议，厦华撤销了在济南、潍坊、烟台等地的仓库，由三联物流为厦华提供在山东的仓储、运输物流服务工作，同时厦华加入到三联的信息数据平台，实现在信息系统方面的对接，厦华在山东的营销网络纳入三联体系。这种新的体系免去了过去厂家的产品要逐级经过厂家在各地的仓库再进入商家的环节，使企业间的流程更趋扁平化。企业之间基于能力和资源相互依赖，形成联系紧密的合作伙伴关系。海尔至少有7款空调是根据三联家电客户反馈信息特别订制的，系统的无缝对接保证了厂家和商家对客户需求的快速反应能力。

6. 网上商城。三联网上商城（www.shop365.com.cn）于1999年

12 月 28 日浮出水面。与主要竞争对手大规模的扩张店铺不同，三联采取了在一个地区通过电子商务和现代物流的“精耕细作”，然后实施区域整体复制的战略。三联除了利用传统广告的形式对网上商城 shop365 进行宣传外，还采取了一种特殊的推广方式——网络便利店。所谓的网络便利店是一种实体店，与传统连锁店铺不同，网络便利店只陈列商品的样品，而且一般建在居民小区，开店的房租较低，每个店中都设有联网的电脑，顾客可在售货员的引导下，通过电脑选购 shop365 网上商城的商品。这种独特的推广方式取得了很大的成功。一方面，它契合了目前我国上网普及率还不高的现实；另一方面，也满足了人们“眼见为实”的心理。从网上商城购物享受与实体店相同的待遇（如免费送货、7 天内无条件退货、保修终生等）。同时，网上商城还由于不占用实体店面，并得到合作商、银行和政策的支持而享有价格优惠。

一般认为，隶属于三联总部的 B2C 网上商城会减少销售中间环节，或者会挤占一部分本应是下游连锁实体店的市场份额，因此，连锁加盟店可能并不热衷甚至是排斥网上商城。然而，在与网上商城刘勇总经理的访谈中我们获悉，目前，三联正在利用遍布山东各地的特许加盟店开办网络便利店，此举既节省了开办网络便利店的成本，又扩大了网上购物的覆盖范围。同时，由于在特许加盟店里通过网上购物可以增加加盟店的销量，相当于加盟店在不需增加店面营业面积的情况下扩大了销售，顾客有了更多的选择范围和机会，加盟店可以赚取更多的佣金，网上商城也成了连锁店的营销手段，因此深受连锁加盟店的欢迎。

7. 协作绩效。山东三联通过电子商务与现代物流系统，自身和供应链相关企业都获得了较好的社会经济效益。

首先，三联集团充分发挥“十五”国家科技攻关项目——家电业区域电子商务与现代物流应用示范工程的优势，积极巩固直营体系，提升获利能力；大力发展特许体系，全面启动电子商务体系，逐步形成立足于山东区域的、立体的经营模式和赢利模式。在该项目的带动下，三联商社各项经济指标大幅上升。2003 年，实现销售收入超过 106 亿元，2004 年，实现销售收入 133 亿元，2005 年，实现销售收入 140 亿元。在山东省的家电市场占有率由以前的 30% 提高到 40%—45%，其中网上采购、分销、销售超过 30 亿元①。

其次，在电子商务技术的驱动下，新的家电零售经营业态已初步形成，2006 年 9 月于济南召开的第三届国际信息技术博览会上，三联商社总裁于其华披露道："这种新型运营模式的经济和社会效益已经初步显现：降低群体企业物流成本 14.69%。B2B 订单响应时间由原先的 36 小时减至 24 小时，B2C 订单响应时间由原先的 12 小时减至 8 小时。订单执行准确率提高到 99.9%。由此，大幅降低了相关参与企业的物流成本。如：某知名品牌彩电企业在加入电子商务与现代物流联盟后，在销售量提高 30% 的情况下，存货下降 70%，商品周转天数由 46 天降至 11 天，仓储费用降低 45%，装卸费用降低 30%，办公等费用降低 83%；另一知名家电厂商在将其山东区域配送业务委托三联物流后，山东区域物流服务排名由原来的 30 名提升至前 5 名，综合服务指标满意度由原 80% 提升到 96% 以上。"②（详见表 6－1）

对于通过压缩物流成本而使多方受益，高金玲女士曾这样评论道："时间缩短一天，就意味着库存减少一天，企业就可以节省一天的保管费用，消费者就可以早一天使用商品。整个家电链条上的参与者都能从中获得利益，这也是电子商务平台的生命力所在。"

表 6－1　　家电电子商务与现代物流系统采纳绩效

联盟企业	联盟企业平均物流成本下降	14.69%	三联	市场占有率提高	15%
	B2B 订单响应时间减少	12 小时		B2C 订单响应时间减少	4 小时
	订单执行准确率提高到	99.9%		销售收入自 2003 年起超	100 亿元
	某知名彩电企业销售量提高	30%		网上采购、分销、销售超	30 亿元
	某知名彩电企业存货下降	70%		配送准确率	98% ~100%
	某知名彩电企业仓储费用降低	45%		商品损耗率	≤0.02%

根据三联资料整理。

综合以上案例事实，山东三联在上下游利益伙伴和竞争对手双重压

① 引自三联集团董事长张继升在国家重点培育大型流通企业情况分析会上的汇报讲话——实施业态转型，加快做强做大步伐，2006 年 3 月 21 日，三联网站 http://www.sanlian.com.cn/read.php?Pid=7452。

② 引自三联集团总裁、三联商社股份有限公司总经理于其华在 2006 年 9 月于济南召开的第三届国际信息技术博览会上的讲话。见三联集团内部报纸《三联报》2006 年 9 月 16 日。

力的驱动下，发起用电子商务整合家电供需链，以取得差异化的竞争优势为初衷，通过供应链企业间的互惠合作，使供应链成员企业切实感受到由于信息共享、流程优化、效率提高、绩效增强等协作优势；使成员企业切实感受到了组织间信息系统的有用性。

案例一的事实发现，支持了本书第四章的假设 H1、H2、H3，部分支持了 H12。

6.1.2 基于案例二的分析

笔者针对依托铁路计算机售票系统形成的客票营销网络，重点对济南铁路局，特别是济南铁路局济南站及其所辖的代售处进行了调研。

1. 济南铁路局简介①。济南铁路局地处华东，东临黄海，西依中原。管辖京沪、京九干线中段，陇海干线东段，以及胶济线、蓝（村）烟（台）线、菏（泽）兖（州）日（照）线、临（淄）泰（安）线、胶（州）黄（岛）线、淄（博）东（营）线、淄（博）八（陡）线、磁（窑）莱（芜）线、泰（安）肥（城）线、薛（城）枣（庄）线等干支线，分别连接青岛、烟台、日照、连云港四大港口，是中国东部经济发展和外贸运输的重要通道，亚欧大陆桥的东方桥头堡。管内铁路跨及山东全境和江苏、安徽、河南三省部分地区，总营业里程 2793.4 千米。管内现有车站 334 个，其中特等站 4 个（济南、济南西、徐州北、青岛），一等站 8 个（兖州、徐州、徐州西、淄博、青岛西、烟台、潍坊、东风），二等站 33 个，三等站 50 个，四等站 219 个，五等站 5 个，线路所 15 个。

到 2005 年年底，全局运输主业拥有固定资产 254 亿元，多经资产 32.33 亿元，集经资产 2.56 亿元，在全国 500 家最大服务性企业中列第 17 位。济南铁路局现有职工 142707 人。路局管辖 6 个分局及大口单位：济南、青岛、徐州分局，工程总公司、物资工业总公司、工电大修公司；局直属单位 19 个；基层单位 194 个。

除经营运输主业外，全局多元经营格局已经形成。目前，全局已有多种经营独立核算企业 245 个，经营网点 1117 个，经营跨及宾馆、餐饮、商贸、旅游、广告、外经外贸、建筑装饰、环保、信息、房地产、

① 参见济南铁路局网站 www.jn - rail.com.cn。

拍卖等服务行业，经营品种和服务项目逾万种，从业人员 2.9 万多人。

2. 客运市场竞争激烈。随着改革开放的不断深化，各种运输方式迅猛发展，铁路在运输市场上的垄断地位已不复存在，其市场份额一降再降。不但短途旅客运输的主要市场已让位于公路运输，就连一直占绝对优势的中长途旅客运输也受到航空和公路的严重冲击。1980 年，三种运输方式占社会旅客周转量的比重为：铁路 60.5%、公路 32%、航空 1.7%；1990 年，铁路降为 46.4%，公路上升为 46.6%，民航上升为 4.1%；到 2004 年，铁路的市场份额较 1980 年几乎下降了一半，如表 6－2 所示。

竞争的严峻形势还在于，铁路市场份额下降还有愈演愈烈的趋势。仅从公路运输看，2001 年，我国已实现了县县通公路、97% 的行政乡镇，80% 的行政村，村村通公路，国家还要再建公路 11 万千米，形成以高等级公路为骨架、纵横全国的国家干线道路的全国公路网。[①]

原属铁路客运的价格优势已逐渐减弱。尽管单从票面价格看，铁路客运价格还略有优势，但是铁路无法做到像公路那样的"门到门"服务，也无法向民航那样放开机票打折的限制，因此，铁路客票的实际价格也已不具优势。

我国铁路客运还表现出极其不均衡性，春运期间往往一票难求，但淡季时许多线路和车次又出现能力过剩。访谈中，济南站票房李主任曾说道，"从济宁开往哈尔滨局三棵树的列车平时开一趟亏损一趟，但春运时又必须加开临客。"

表 6－2　　三种主要运输方式客运市场份额　　单位：%

	铁路	公路	民航
1980	60.5	32	1.7
1990	46.4	46.6	4.1
1996	36.1	53.7	8.2
2002	35.2	55.3	9.5
2004	33.8	53.6	10.9

根据国家统计局统计资料整理。http：//www.stats.gov.cn/tjsj/ndsj/2005/html/P1607C.HTM.

① 金琰等："高速公路的发展对铁路客运的影响及其对策探讨"，《铁道运输与经济》，2005 年第 1 期。

值得注意的是，从上表可看出，与同期铁路市场份额锐减形成鲜明对照的是，2004 年民航的市场份额较 1980 年翻了近 6 倍。民航之所以发展如此迅速，其中一个重要的原因就是，民航较早开始了计算机联网售票，并且积极开展了委托代理业务，形成了遍布社会的销售网络。

面对如此的竞争格局，昔日的“铁老大”已风光不再，各铁路运输企业开始转变经营观念，改变坐等客源的传统做法，纷纷开始寻求客运营销策略。利用铁路计算机售票订票系统组建联系路内外企业的客票营销网络成为一种必然选择。

3. 铁路客票代理方式①。为了开展客运营销，各铁路运输企业将原先极具政府色彩的客运处、客运科等机构改名并定位为客运营销处（科）。铁路局在客运营销处设立了客票中心，客票中心所设计算机主机承担着铁路局所有联网售票计算机车票生成、分配的重要任务，每天要在短时间内产生 40 万张以上票额，并且分配到各个局管内车站的服务器中。

铁路局的票源分配。按计划将票源的 20% 分配到各个火车站点，只有该站点及该站的代理售票点才可出售分配给本站的车票；其余 80% 的票源放于济南铁路局票务信息系统的大数据库中，全国铁路任何一个站点和代理售票点均可出售存放于此大数据库中的车票。在车票销售旺季，根据铁道部等部门要求，为保证学生、民工返程需要，分配给各站点的票源比例会相应增加。

图 6－1 中，整个大椭圆为所有票源，阴影部分为济南铁路局票源大数据库（所有售票点均可售卖），各个小椭圆为分配给各站的票源（仅供本站及本站代理点售卖）。

代理售票点的代理方式。代理点可以以两种方式进行代理售票。

第一种方式：代理点与当地车站商谈并通过联入当地售票系统售票。代理点与当地车站（如 A 车站）商谈并达成代理意向后 A 车站将代理网点的位置状况、经营能力、合作意向书等报济南铁路局，济南铁路局批复、同意后，从票务系统后台给 A 站开通系统，代理点可联网代理。此代理点可以售卖分配给 A 站的票源，也可售卖济南铁路局大数据里的票源，即图中 A 小椭圆＋大椭圆阴影部分票源。这种方式的代理要

① 资料来源：对济南铁路局客运营销处李果副处长的访谈。

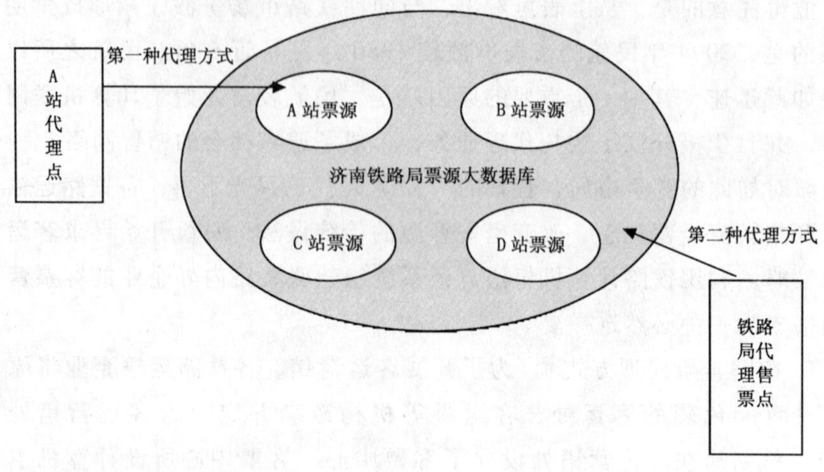

图6－1　济南铁路局客票代理方式

通过A站的代理服务器访问铁路局票源的数据，而非直接访问。

第二种方式：直接连接到济南铁路局售票系统的前置服务器上，售卖票源大数据库里的车票（即图中大椭圆阴影部分票源）。铁路局不允许代理售票的公司有自己的前置服务器。因为代理企业拥有自己的小系统后（一台前置服务器连接多个代理售票网点），铁路局担心管理上存在漏洞（如旺季抢票可能不好控制）。但山东省建行在代理车票方面拥有自己的前置服务器，据说是建行与铁路局多次沟通，并作出承诺后，济南铁路局局长亲自批示才促成此举。

4. 银企互惠双赢、共闯市场[①]。1998年上半年，济南铁路局与建设银行山东分行达成协议，山东省建行成为济南铁路局首批网络售票代理商，掀开了银企携手互惠双赢、共闯市场的新篇章。这一合作对济南铁路局来说，是迈出了通过客票代理实现客票营销的一大步，对于建行来说，是参与企业经营、服务企业的深化。同时，也是银企互惠双赢、共闯市场的重大举措。随后，济南铁路局又与华夏银行签署了合作协议。目前，济南铁路局在所辖的山东省和江苏、河南等部分属地拥有建行客票代售点50余处，华夏银行代售网点20余处（采用第二种连接方式，即直接与铁路局客票中心相连）。

---

① 资料来源：对山东省建设银行济南铁路专业分行张峰女士的访谈。

（1）铁路售票窗口的延伸。银行有着电子网络覆盖面广、网点多、网络功能全、网络畅通快捷的优势。利用银行的网点，铁路不需投入设备、人力、资金、站舍，只需在银行网点相应的窗口机上安装售票软件客户端，就实现了铁路售票窗口的延伸。同时，使铁路售票的流程发生了变化，即：不仅可以通过客运承运人，也可以通过代理商购票，扩大了分销渠道，方便了购票。目前，全部代售处的客票收入已占整个济南铁路局客票收入的30%左右。

（2）增加了银行的收入。2000年，经国家有关机构批准，每售出1张客票可收取5元的手续费。山东省建设银行济南铁路专业分行的张峰经理给笔者算了一笔账，现在建行的每个网点月均代售票在3000张上下，月收入在1.5万元左右。而吸收一笔100万元的定期存款，及时贷出并按时收回本息，按照现行存贷款利率来计算，1年的银行利差收入才3万多元。因此，银行参与客票营销可以赚得可观的收入。

（3）丰富了银行的多元化服务，提高了竞争力。提供多元化的服务已成为商业银行间的一种竞争手段，张峰经理谈到，建行储蓄网点引入铁路代售业务也丰富了建行的服务，吸引了一批原本不在建行办理金融业务的储户，如一些大专院校转到建行来开户，增加了储蓄额和建设银行的市场份额。

（4）吸纳了活期存款。按照银行与铁路局协议，定期划缴客票代售收入进款，利用时间差，银行各网点相应增加了活期存款余额。

5. 吸收各行业代理企业加入售票网络①。在铁路局客票中心采用第二种连接方式与银行合作的同时，各铁路客运站也在积极吸收代理企业采用第一种连接方式进行合作，使之成为本车站的延伸售票窗口。根据《济南铁路局客票销售代理业务管理办法》的规定，只要代理企业具有注册资本或固定资产值在10万元以上，流动资金不低于5万元，所在地具有吸引旅客的区位优势，比如旅游景点、繁华商业街、高校或居民密集社区等，都可以成为其代理企业。

① 资料来源：对济南站客运营销科张健、济南站票房李妍等人的访谈。

表 6 - 3　　济南站客票代售企业分类列表

行业	数量	地理位置	数量	备　注
商贸	12	市中区	12	与铁路局客票中心直接相连的建行储蓄网点未列表中。
旅游	7	历下区	16	
酒店	6	槐荫区	13	
广告	3	天桥区	12	
工业	4	长清区	2	
学校	7	历城区	15	
航空（公路）运输	6	聊城市	1	
科技	6	滨州市	2	
通信	2	章丘市	2	
咨询服务	2	梁山县	1	
其他	23	济宁市	1	

资料来源：根据济南站代售企业名录整理。

从济南站客运营销科张健女士向笔者出示的《济南站客票代售点名录》中可看到，在与济南站相连的 79 个代售点中，涵盖了宾馆、酒店、旅游、广告、商贸、通信、航空运输、公路运输、大专院校等不同的企业和组织。从整理所得的济南站客票代售企业分类列表 6 - 3 中可以看出，代售企业遍布济南市区内的市中、历下、天桥、历城、槐荫区，以及长清、章丘等周边市区，还延伸到滨州、聊城、济宁、梁山等鲁西的市县。代售企业所属行业更是形形色色，其中与铁路客运形成竞争关系的航空、公路客运等企业也在其中占了相当的比重。代售企业都具有自己的资源或优势：或地理位置易于吸引客源，或像高校以及航空与公路等客运企业其本身就是客流集散地，或有着营销等方面较强的能力。如果没有计算机客票售票订票系统的连接，这些企业原本与铁路客运是没有直接关系的。

济南站票房主任李妍告诉笔者："济南站平均每天有 200 多万元的客票进款，通过各代办网点，汇聚到建设银行铁路支行，再划到济南站的账号"。从笔者在李主任处得到的《济南站代售点 2006 年 1—10 月售票量一览表》中可看出，各代售点售出张数很不均衡，山东世纪航空有限公司和星宇广告有限责任公司代售点月均售票分别达到 6000 张和 4000 张以上。经计算可得出各代售点月均售票张数为 1500 张，月均收入为 7500

元。从《济南站代售点 2006 年 1—10 月售票进款一览表》中可看出，济南站所属 79 个代售点 2006 年 1—10 月累计客票发售量和客票进款已分别占全站总售票量的 25% 和客票进款的 30%，被李主任称为“车站的第二支营销队伍。”

由此可见，组织间信息系统不但扩展了企业间交易、协调和沟通的范围，也促成了新的组织间关系的形成，甚至使得本来没有直接关系的企业因为组织间信息系统的支持而成为合作伙伴。组织间信息系统使企业获得了新的竞争维度，组织间信息系统正在以其独特的功能改变行业结构、创造新的经营模式、新的组织形式、新的组织间合作与协调方式，甚至在改变竞争规则。

归纳以上事实，为了应对客运市场激烈的竞争格局，铁路运输企业利用计算机售票订票系统发起组建与银行等企业相互合作的客票营销网络。基于互惠多赢、利益共享、能力互补，使得铁路、银行等代售企业和旅客都从中受益。售票系统被代售企业所采用，使铁路客票营销网络呈现出多企业参与、资源互补、分布广泛、扩张迅速、效率提高、售票渠道多样等优势。使每一个成员企业都切实感受到了组织间信息系统的有用性，因而，促进了系统的采纳和使用。

案例二的事实发现，支持了本书第四章的假设 H1、H2、H3、H12。

6.2　IOS 易用性因素分析

在第 4 章的理论分析中指出，组织对 IOS 感知的易用性影响着组织的 IOS 采纳与使用。易用性在某种程度上也是企业对技术使用的可行性。

6.2.1　对案例一的分析

1. IT/IS 基础设施与 IT 能力。企业欲采纳一项新技术，必然面临着企业是否有与之相匹配的能够使新技术成功实施的基础设施[①]。IOS 基础设施是企业内部各 IS 应用集成、企业间多个贸易伙伴系统建立连接的必

① Cash, J. I., McFarlan, W. F., McKenney, J. L., & Applegate, L. M. *Corporate information system management: Text and cases* (3rd ed.). Homewood, IL: IRWIN, 1992.

然要求①。

山东三联之所以能够在家电上下游企业间发起建立电子商务与现代物流信息系统，这与三联长期以来注重企业信息化建设，因而，具备了相应的IT/IS基础设施与IT能力是分不开的。

（1）企业信息化之路。三联集团早在1993年就开始全面推广计算机应用，并于1995年建成局域网，初步实现办公自动化和会计电算化，1997年，推行进销存系统、门店POS系统，1998年百灵网开通，1999年网上商城开通。2000年，三联商社开始向电子商务与现代物流全面转型。其主要历程如图6－2所示。

从2001年起，三联投资1亿余元，先后实施了国内商业流通业最大规模的ERP系统，承担了国家"十五"科技攻关计划——家电类电子商务与现代物流示范工程。其中ERP系统是三联商社与JDE公司合作开发。ERP的成功上线运行，是国内最早成功实施ERP管理的商业企业之一，使三联家电的信息化管理水平实现了质的飞跃，通过对物流、资金流、信息流的一体化管理和集成化运行，实现了对企业资源的有效利用。现在，三联的库存、管理、卖场已经实现信息化，仓库和卖场的每一笔销售、库存、订单、货物进出库情况，都能在管理中心的屏幕中看到。通过实施ERP管理，三联的库存、毛利、分型号分品牌的查询信息、客户档案维护等信息，都能通过系统自动生成，产品管理可具体到每一个型号，库存管理可具体到每一天。

三联了解到，一般上游厂家需要了解库存信息、自己品牌每天的销售信息、产品的客户流向，根据综合情况来预测下一个月的生产计划。三联集团的ERP管理系统基本上满足了厂家的要求。ERP的成功上线使三联家电形成了以ERP系统为核心，集成订单管理系统、物流系统、零售系统和BI在内的一整套成熟的企业信息化体系。

三联商社总经理于其华认为，ERP是企业内部的闭合系统，无法把上下游连接起来，而且ERP需要软硬件条件，特许店大多没有技术储备，没有办法上。但B2B的解决方案可以无限制地扩张，因为ERP随着用户

---

① G. Premkumar & K. Ramamurthy, The Role of Interorganizational and Organizational Factors on the Decision Mode for Adoption of Interorganizational Systems, *Decision Science*; May/Jun 1995; 26, 3, 303－336.

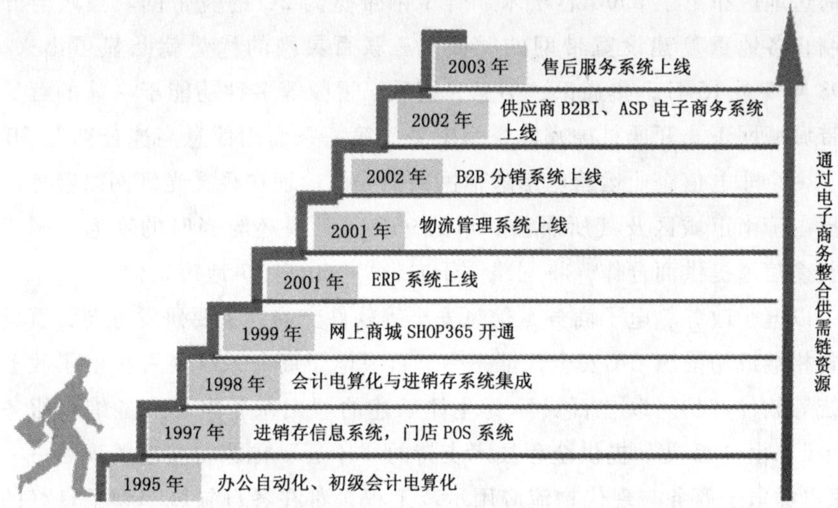

图 6－2　三联信息化发展历程

数的增加还有个处理能力的问题，B2B 则没有这个限制。从 B2B 系统接的订单直接转到 ERP 系统进行处理，B2B 完成后，从上游供应商、到三联家电、再到下游分销商就全都连起来了。

基于此，2002 年 5 月，三联承担了“十五”国家科技攻关项目——家电类电子商务与现代物流工程。在这个项目中三联创造性地提出了“商家驱动、推拉结合”的供需链模式。商家驱动的供需链运作模式本质在于核心企业通过电子商务技术与现代物流手段，上与生产加工企业相连，下与分销商、零售商相接，将上下游企业均纳入自己的供需链中进行管理，最有效地规划和配置整体资源，以此实现其业务跨行业、跨地区乃至跨国的经营，对市场的需求做出快速的响应。在它的作用下，供需链上的产品可实现及时生产、及时交付、及时配送、及时交达到最终消费者手中，快速实现资本循环和价值链增值。

（2）百灵科技与百灵网①。在三联信息化建设中，三联百灵科技公司及其百灵网起了重要的作用。百灵信息科技有限公司是由山东三联集团、香港泛华集团、山东省国际信托投资公司共同出资组建的高科技企业，以宽带网络建设与运营、软件开发与集成、网络传媒、增值服务为主要业务。

20 世纪末，百灵信息科技公司与人防、电力等系统合作，在济南市

① 参见三联集团网站 http://www.sanlian.com.cn/blkj.htm。

和周边地区布下了2500芯千米、骨干网带宽为2G的宽带网。当政府开始制止各地重复建设宽带网的时候，三联百灵网的优势就凸显了出来。1998年5月15日，集通讯、信息、娱乐、视频等多种功能于一体的百灵宽带城域网正式开通，被媒体誉为中国“第一条商用信息高速公路”，开创了一个非电信企业运营电信通信网络的先河。现在百灵光纤网络覆盖区域已占济南市城区及其所属县、市的96%，百灵还与当时的铁通、网通等长途信道提供商合作，将网络主干向青岛等山东17地市延伸。

以电子政务、电子商务、信息安全等软件产品为主要研发方向，百灵公司相继成功推出CA安全认证平台、百灵电子商务系统、百灵电子政务系统等软件产品。以“百灵”为主体承建的“山东省电子商务综合服务平台”、由“百灵”提供全程技术支持的“十五”国家科技攻关项目——“家电类电子商务与现代物流应用示范工程”都在各自领域起到了良好的示范效应。百灵信息网和基于百灵信息网的网上商城也成了家电供应链的重要组成部分。

在与上下游企业信息系统的互联互通中，百灵网提供着基础网络支持和技术保障。

（3）视IT为竞争战略。三联的发展，得益于张继升先生倡导的“领先半步，进入无竞争领域”的经营理念，即通过正确判断经济发展趋势和国家体制改革、经济政策的动向，在大多数企业还没有行动的时候，率先进入朝阳产业、国家重点扶持产业，从而获得发展的先机。寻求差异化和组织变革是以张继生为首的三联人的一贯追求。新世纪伊始，面对着家电供需链的硝烟，与主要竞争对手实行的“规模扩张、低价路线、成本领先”战略不同，以张继升为首的三联人以领先半步的市场竞争理念、和合共赢的价值选择思维，基于长期企业内部信息化的实践，开始了企业内部信息系统向上下游企业的延伸，建立一体化的供应链管理模式；开始了用电子商务和现代物流整合家电供需链的大胆探索。

张继升对信息技术和信息化的热衷，源于他的经历和和他对三联家电连锁的定位。20多年前的张继升从没有想到过以企业家的身份名世，他的人生坐标是学者。1985年的一次偶然际遇，使他开始了在企业和学业双向轨道上的繁复轨迹。张继升所接手的三联的前身——济南市无线电三厂，资产只有109万，负债却为460万，三联成立之前已停工停产3年多，已是一匹不折不扣的“死马”。他本来是被请来给这家企业“看病”

的。这位 20 世纪 80 年代的青年学者因为发表一系列有创见性的经济理论文章崭露头角。他开了药方，又当“媒婆”，撮合这个厂子与农民兄弟的合资，最终却是自己也被所在的济南市社科所“智力投资”，当上了这个三方合资的名字就叫“三联”的新企业的总经理。现在，张继升还在山东大学、山东师范大学等高校兼着客座教授和研究生导师。

企业内的信息化、企业间的电子商务、现代物流，张继升声称三联在发动一场中国家电业的业态革命。早在 2001 年年初，张继升在阐释他的业态革命理论的时候，就认为“卖场消亡”已经不是一个新的观念。他分析道，随着电话购物、网上购物等虚拟终端购物方式逐渐成为主流，商品交易虚拟化将是不可避免的趋势。那时候，卖场将仅仅作为一个展示中心而存在，三联的家电商场也将因此变成一个“永不落幕的家电博览会”。“如果哪一天三联的济南总店不存在了，我一点都不会感到奇怪”。“现在的家电企业再按传统的业态来做，我敢说是必死无疑。”张继升用这样一组数字来说明环境的恶劣：“上世纪 80 年代，一个营业员的月工资是 50 元，而当时卖一台彩电可以赚 150 元；而今天，营业员的最低月工资已经上升到 1500 元，而卖一台彩电的毛利却下降到了 30 元。”

三联的用意是要以电子商务为手段，通过连锁经营、会员制、代理制等商业模式，整合上游生产商和下游分销商，打造一条以三联为核心的家电行业供需链条，从而使自己从家电业的恶性竞争中突围；而将自建的分销渠道并入联盟之后，上下游厂商不仅可以便捷地根据该信息化系统中的产品流量和反馈信息确定生产，还可以享受联盟“门到门”的物流配送，大幅度降低流通成本。张继升并不把家电连锁经营定位为劳动密集型企业，而应当是资金、知识、技术密集型产业。沃尔玛有一句名言“赢利来自于技术支持系统”，沃尔玛的卫星信息系统就可与美国国防部媲美。

由此可见，三联很好地实现了企业战略与 IT 的匹配，用电子商务整合家电供需链成了三联的企业战略和竞争手段。

（4）IT 与管理的融合。不管是三联内部的信息化，还是家电供需链上下游企业信息系统的互联互通，三联都十分注重 IT/IS 与管理和流程的融合。

三联的信息化建设不仅在山东省，就是在全国企业中也是起步较早的。1998 年底，三联商社开始着手 ERP 建设，三联商社 CIO 郑浩向笔者讲述了三联的 ERP 之路，从中我们可以体会出 IT 与管理的融合。当时，集团内部出现了两种声音：一是继续组建一个IT团队重新研发新的信息化系统，另一种则是外购。最后经过反复论证，三联中高层一致决定外购。当时三联正处于高速发展的时期，必须要有一套先进的信息化系统来配合其发展。三联的ERP选型几乎经历了一年半的时间。

郑浩介绍道，“开始我们考虑过选择国内一些中型的商务软件，比如财务、进销存的软件做起来就可以了。但很快我们发现这样的软件满足不了三联的需求，不能给我们留下更多的发展空间。于是进入了第二个阶段，就是考察国内的大型软件公司，但发现国内软件基本上都是“量体裁衣”，“你要什么东西，我给你做什么东西”。我们感觉三联不是简单地满足现在的需要就可以了，而是我们有想不明白的地方，需要一种管理上的提升。当时正值1999年ERP热潮进入中国，公司组织中高层管理人员，进行了几轮BPR和ERP的培训，我们发现ERP正好能提供我们需要的东西——管理上的提升。技术并不是最重要的，管理思想、管理经验、管理流程的调整才是最重要的。”

经过一年半的选型，三联最终选择了J. D. Edwards公司的ONE WORLD ERP系统及IBM AS400 830服务器。2000年9月，三联的ERP项目正式启动，那时是继联想ERP项目后国内最大、最复杂的项目。据郑浩介绍，三联ERP是在动态情况下上的线。由于准备的非常充分，三联调出80台计算机，120人通宵达旦的工作了3天，在丝毫不影响业务的同时，系统顺利上线。这在当时几乎是个奇迹，而此前有家大型企业在上ERP时曾停业15天。

当笔者提到曾经的ERP名言——“上ERP是找死，不上ERP是等死”时。郑浩的笑声中透出很强的自信。他说“三联的信息化起步本来就很早，我们当时也考虑得比较全面，可以说是做了充分的准备。首先，我们成立了由30人组成的项目组，其中不光是IT人员，也包括各业务部门的骨干人员。然后，三联的高层也对信息化非常的重视，机构和业务的扁平化处理和数据的整合都进行的非常顺利。”

“ERP的核心思想是财务和业务一体化。集计划、采购、库存、销售及财务管理为一体的ERP系统的上线彻底改变了以往各部门相对独立的信息孤岛的状况，提高了整个供应链系统的运行效率，建立了快速的市场反应体系，真正具备了全面的集成性、灵活性和高效性。我们通过ERP系统，在总部可以看到每个连锁店的库存的情况，甚至报表的生成都是在总部的服务器上，通过 ERP，加强了连锁扩张的财务控制。这种集中化的财务管理模式，对我们风险的控制应该是有很大的提高。通过单品进价核算，使我们对库存管理更加精细化，对利润的控制也更加的精细化。ERP 的成功上线，为实现 E 化三联的目标建立了坚实的信息平台。在三联的 ERP 论坛和 IT 沙龙中，围绕采购、流程、技术等问题进行的讨论，显示出员工对公司新的业务模式和管理方式有着极大认同和参与意识。”

时至今日，谈及对这套系统的评价，郑浩认为，这套系统还是比较令人满意的，基本达到了上线前三联的预期。但是他也同时提到了洋软件“水土不服”的问题。由于 ERP 强调财务与业务的集成性，这在一定程度上限制了灵活性。针对存在的问题加上随后三联对物流、供应链等管理功能的需求，三联与上海一家公司联合开发了一体化订单平台（OMP）系统，有效地弥补了 JDE 的 ERP 系统“水土不服”的遗憾。订单处理时间已经由原来的一个半小时缩短到现在的 5 分钟。“我们把业务前端的一些东西，集中到一体化订单平台上，围绕订单去处理业务端的一些业务。在 ERP 的基础上去建立订单平台 OMP，以及 POS 系统、HR 系统、CRM 系统。我们现已将企业内部的业务流程完全构架在信息化管理基础上。”

“我们将企业内部的物流系统、POS 系统、订单平台、ERP 系统有效地集成到一起，然后通过 B2BI 方式或 ASP 的方式，给我们上下游的企业提供信息化的服务。2001 年 7 月 8 日，三联家电总公司与北京易通经纬签订了合约，由后者为前者搭建 B2B 电子商务平台，建立面向连锁店和大批发客户的 B2B 营销系统，帮助连锁店和大批发客户建立进销存系统，利用互联网实现对销售网络的统一管理和协调。同时建立面向上游供应商的 B2BI 系统，实现对供应商更有效的管理，加强与供应商的合作。”

谈及信息化给三联带来的变化，郑浩告诉笔者，信息化已经成为三联企业文化的一部分。基于已经形成的企业内信息系统和家电供应链电子商务与现代物流信息平台，三联商社还对管理职能部门进行了归并精简，以强化内控机制、家电业务一体化运作、降低内部交易成本、转变经营方式。将原来商社总部一级部门 13 个调整为 8 个，形成管理职责清晰、结构紧凑的组织模式，使原来庞大的组织机构实现了扁平化和高效化。2005 年，三联商社组织机构调整共减员近 400 人，全年可节省人力成本 500 多万元；为了提供 IT 支持和服务，三联商社还成立了电子商务中心，从注重技术到注重应用，再到强调服务管理、注重信息化规划，三联商社电子商务中心的信息服务工作走出了一条日渐清晰的发展道路。

总之，三联从企业内部信息化到企业之间用电子商务整合家电供需链，其目的是利用信息技术突破时空限制，为企业的高效率和低成本的运作提供一种可能的机制，使有限资源被有效地运用到核心业务上，以此来实现企业变革，培育新的核心竞争能力。三联在实施企业信息化过程中，更多的是从企业战略发展要求，建立与之相适应的企业文化、业务流程以及激励保障机制等角度来全方位、系统化地实施企业信息化，而不是仅仅从技术角度来实施的。

由此可见，三联从组织内信息化到组织间的信息化，是一个渐进的无缝连接的过程。也正是由于三联多年信息化的实践，具备了相应的 IT/IS 基础设施，锻炼了企业调用、部署和集成 IT 资源，通过运用和配置自身 IT 资源以整合组织其他资源的 IT 能力[①]，提高了企业 IT/IS 吸收能力和企业组织变革的能力。因此，三联在家电供需链上率先发起通过基于组织间信息系统的电子商务与现代物流平台来构建家电供需链联盟。由此，印证了本书第四章的假设 H6、H4、H8。

2. IOS 兼容性与便利性。技术的兼容性是指技术与社会系统价值观、以往的各种实践经验以及采用者需求相一致的程度，兼容性与技术的最终采纳正相关[②]。对组织间信息系统而言，兼容性不仅指信息技术与组织的价值观和需求相一致，更在于 IOS 与组织内相关的信息系统的匹配程度。这既是避免信息孤岛的需要，也是减少系统间转换成本的要求。

IOS 的使用便利性是指系统操作简单程度和用户界面的友好程度。在信息技术的扩散和接受中，首先，从组织层面考虑，相应的信息系统必须在组织需要的“拉”动下被采纳；其次，从个体层面看，信息系统必须被最终用户——个体的人所接受。因此，IOS 的界面友好、操作便利、功能齐全和方便实用等因素影响着组织和个体的 IOS 易用性感知。

在与三联商社 CIO 郑浩的访谈中笔者了解到，从组织内的各种信息系统到在组织间实施 B2B 电子商务的过程，同样也是三联不断寻求企业内部信息系统集成、避免信息孤岛的过程，也是三联寻求在供应链上实现

① Bharadwaj, AS: A Resource - Based Perspective on Information Technology Capability and on Firm Performance: an Empirical Investigation, [J]. *MIS Quarterly*, 2000, 24 (1), 169 - 196.

② 陈文波、黄丽华：“组织信息技术采纳的影响因素研究述评”，《软科学》，2006 年第 3 期，第 1—4 页。

信息集成的过程。在软件选型时，界面友好、使用便捷一直是一项重要的指标。特别是，对连锁加盟店的 POS、OMP 等系统，界面友好、操作便利直接决定了加盟店用户接受的难易程度。同时，还应当看到，电子商务与现代物流平台使得上下游企业能够及时了解供需链上不同环节的信息，使得供需链可视化了，这也是联盟企业愿意采纳使用的一个重要原因。

郑浩向笔者透露，曾辅佐张继升完成收购"郑百文"，后来一度出任"郑百文"（现三联商社）总经理的崔葆瑾就是信息管理与信息系统专业出身，或许，这与三联对信息化的执著不无关系。三联有一套培训、学习机制，对使用相关信息系统的三联员工、加盟店员工乃至上游企业的员工进行定期和不定期的 IT 培训也是三联 IT 部门的一项固定的服务工作。员工经培训合格后才能上岗。这些措施对提高员工的知识存量，克服知识壁垒，提高组织对信息技术的接受能力起了至关重要的作用。

在三联的电子商务与现代物流系统中，ASP 模式是与上游企业的联结方式之一，ASP 模式也是从易于上游企业接受、出于用户使用便利性的考虑。供应链上各企业要达到数据信息的高度共享必须要有一定的基础条件，但是由于企业信息化程度参差不齐，如果要提高整个供应链的效率，就必须考虑木桶中最短的一块木板。一些中小企业，目前没有自己完善的信息平台，还有一部分大中型企业，虽然有自己的信息平台，但是这些信息平台大部分是由第三方软件公司来帮助建立的，系统本身相对比较封闭，没有预留扩充接口，或者是有这种接口但是对应用企业来说不可见或不可操作。针对这部分企业，三联提出了基于 ASP 模式的应用系统。简单地说，ASP 模式就是通过互联网，实现数据信息共享，使企业得以实现以订单处理、补货、完成采购单的完整处理流程的互动信息模式。

ASP 模式的服务对象是实行产品区域代理制的部分合资企业，以及一些目前还没有建立信息系统的中小企业，由三联提供一个信息平台，生产厂家可以在该平台上处理自己的业务，检索与自己相关的数据信息，并通过系统进行数据交换，达到信息的共享。该系统主要实现了以下功能：EAI 系统；商品采购数据的检索统计分析；商品库存数据的检索统计分析；商品销售数据的检索统计分析；毛利构成分析；采购单的处理；采购单处理状态的跟踪。目前，该系统已向 56 家供应商推广使用。

B2BI 是与上游企业信息化水平高的厂家连接与兼容的一种模式。将供应链上的一个个信息孤岛集成为信息与服务共享的跨企业的平台。采用一套类似中间件的产品，通过该系统实现不同信息平台的交互。B2BI 模式是指在供应商具备成熟的 ERP 系统或电子商务平台的情况下，通过互联网方式实现厂商间信息平台的集成，连接供应链上中下环节中相关企业的信息，使上下游企业的信息系统实现信息与功能完整的集成。实行对接后，双方实现了完全的信息交互，使得各自的生产、销售计划更加高效有序。这种模式以海尔公司为代表。

目前，系统主要可以实现以下功能：用户登录以及身份验证服务；商品采购数据发布服务；商品库存数据的发布服务；商品销售数据的发布服务；商品编码数据的提取；可供商品数据的提取；商品采购单的管理；采购单处理状态的跟踪；后台编码匹配对照系统；分销体系各机构的编码信息管理。

以上功能，都规划有标准的接口，并且针对三联的平台做了具体的实现。其他商家或厂家可以根据接口规范，针对自己的信息平台做自己的具体实现，充分体现了中间件产品的特点。

由此可见，IOS 的兼容性与便利性以及企业对 IOS 的接受能力是影响 IOS 采纳的重要因素。以上事实发现，支持了本书第四章的假设 H5、H6。

3. 成本与企业规模。对于三联先后投资 1 亿余元用于企业内部信息化建设和用电子商务整合家电供需链，如何看待这种投入与产出，身为 CIO 的郑浩认为，三联长期以来在组织内和组织间的信息化建设，应该视为一项战略投资，三联更关注的是长远利益；更关注的是供需链产生的网络效应，只有整个行业，上下游都畅通了，那么整体的效益才会真正的发挥出来；更关注的是上下游企业间协调成本等交易成本的降低、物流成本的节约；更关注的是在家电供需链上三联的核心地位。三联认为，未来市场的竞争不再是企业间的竞争，而是供应链间的竞争。而三联在家电行业中的位置就是要成为供应链的核心企业，打造一个以市场为导向，利益为纽带，具有竞争力的供需链管理平台。

为了使供需链成员企业，特别是中小企业能顺利地接受，首先，三联主动承担起了系统的建设和维护，并免费提供了相应软件和培训费用；其次，使用便捷简单。张继升在联盟成立大会上曾对加盟企业说道“所有的软件全部由三联及合作伙伴来开发，简单到只要上下游企业有几台机器和一个对接卡以及密码，就可以当天得到公司在所有商场的每一种型号的销售量，从而达到真正意义上的订单制作。而且对于已经有了自己的物流配送体系的公司，也可以完全融合在一起。”第三，通过电子商务与现代物流平台，互惠合作，共同压缩物流成本、协调成本、科学安排产销已经成为成员企业的共识；第四，与上游相连的 ASP 模式也是基于上游企业的规模、信息化水平和采纳成本考虑之后的综合解决方案。

以上事实发现，支持了本书的假设 H7、H8。

6.2.2　基于案例二的分析

1. IT/IS 基础设施与 IT 能力。中国铁路信息技术应用始于 20 世纪 60 年代末，经历了近 40 年发展历程，从单项的、部门级的以数据处理为主的初级应用，发展到今天涉及各业务领域的、覆盖全路的、实时处理的综合应用。构筑了初具规模的信息化基础设施和应用系统[①]：

（1）覆盖全路的数据通信网。整个网络由主干网和基层网组成，从铁道部到铁路局、原铁路分局的通信网为主干网，从原铁路分局到数千个站、段为基层网。

（2）初具规模的信息处理平台。铁道部主处理中心建有数台 IBM S/390 大型机构成 SYSPLEX 并行综合体，并有数十台 IBM、ALPHA、HP、SUN 等主流机型的中小型机；铁路局、原铁路分局处理中心建有 SAN 结构的中小型机多机集群；数千个基层站、段建有 UNIX 环境的双机热备的小型机、微机服务器和相关作业岗位的 PC 客户机。

（3）应用系统建设成果斐然。经过几十年，尤其是近十多年的努力，铁路各专业信息系统的建设有了较大的发展。其中用于客货运的计算机应用有：铁路客票发售和预订系统、车号自动识别系统、用于铁路货运的运输管理信息系统。

或许是铁路企业半军事化的属性使然，铁路运输系统的计算机应用软件系统全部是铁路系统自主开发。从铁道部、铁路局、原铁路分局到基层站段有一支 IT 开发、维护、培训队伍和成熟的体系。由铁道部信息中心牵头，从各铁路局计算中心抽调技术人员统一组织设计、开发队伍，由各铁路局组织局管内各级 IT 部门和相应的业务部门共同实施，原铁路分局和站段的 IT 部门主要负责维护和培训等。

---

① 马钧培：“中国铁路信息化建设与展望”，《交通运输系统工程与信息》，2005 年第 5 期，第 1—5 页。

铁路客票发售和预订系统是以上系统中最具社会影响的系统，它的使用不但提高了效率，也促进了各铁路局之间的收入清算、利益分配、流程管理等方面的变革。同时，为铁路走向市场、参与竞争提供了手段。

铁路长期累积起的IT/IS资源和能力，是吸纳众多企业参与建立依托计算机售票订票系统的代售网络的重要前提。由此支持了本书的假设H6、H4、H8。

2. 兼容性与便利性。在济南站访谈时，笔者了解到，为了不断充实售票系统的功能、提供更多的信息和操作便利性，售票应用软件已经历了1.0、2.0、3.0、4.0几个版本，目前正在主推5.0版本。5.0版本增加了类似公告牌和电子社区性质的功能，目的之一就是满足代售点用户通过网络与后台车站等的交互。比如，如遇不可抗拒力的影响，某些车次停售，或者因一些重要会议等对某些车次售票进行限制，过去，代售点只能感觉到售不出票，但不知具体的原因，当旅客询问时，代售点只能通过打电话的方式向车站咨询，常常造成话路紧张和壅塞。不但效率低，还极易引发代售人员与旅客的矛盾冲突。因为，旅客买票时往往不清楚代售点与铁路的关系，他们一般认为“既然你们售票，你们就代表着铁路，你就应当能回答我的相应咨询”，可代售点受条件限制往往是信息不通畅不对称的，代售点有苦难言。在5.0版本下，车站可以通过售票系统实时的将有关信息发送到代售点，剩余车票、席别等都可实时查询。方便了代售点，深受代售点的欢迎。

车站还要对代售人员进行《客票代售管理办法》、《代收网点工作标准》、《售票系统操作指南》的岗前培训和考核，2005年，济南站经培训上岗代售人员118人，2006年进行新版本培训5次，共计200余人。

这些措施对方便代售点使用售票系统，提高代售点员工的知识存量，克服知识壁垒，提高代售企业对信息系统的接受能力起了至关重要的作用。

以上事实支持了本书假设H5、H6。

3. 成本与企业规模。如前所述，目前济南铁路局客票代售网点采用两种接入方式：银行等具有自己的电子网络的大企业直接与铁路局客票中心相连，而多数小企业直接与济南站相连。笔者利用济南站召开2007年客票代售工作会议的机会，对部分代售企业的负责人进行了访谈。对于代售客票的成本，一家企业的与会代表向笔者算了这么一笔账：

一个代理售票点前期需投资约3万—4万元，其中：

（1）出票机：1 万元（从铁路局电子计算中心处购买）；

（2）单设微机：1 万元（铁路售票微机要求必须与一般办公微机有物理隔断，即一般办公微机与售票机单设，不可共用，从铁路局电子计算中心处购买）；

（3）2 部电话：约 500 元，其中一部供拨号上网用；

（4）代理保证金：1 万元；

（5）铁路制票系统专用汉卡：每月租金 50 元（制票系统专用，联网后相当于一个查询制票软件，从铁路局电子计算中心处购买）；

（6）代理售票员工资：按铁路局要求，代理售票员必须是“专门售票员”，即专职做代理售票业务，按月工资 1500 元计。

在不计水电、房屋资产折旧等的前提下，微机、打票机、电话按 5 年直线折旧计算，每年成本 3 万余元，每月至少销售客票 500 张能够盈亏平衡。济南站代售点月均售票在 1500 张，但也有个别代售点是亏损的。从总体上看，客票代理网点的投入成本较低，盈利空间还是很大的。这也是代售点乐于接受计算机售票系统的重要原因。

以上事实支持了本书的假设 H7、H8。

6.3　IOS 治理机制对采纳和运行的影响分析

以上结合案例从企业对 IOS 感知的有用性和易用性角度讨论了 IOS 采纳的因素。本书强调组织间信息系统是由多个相互联系的企业构成的企业网络系统。IOS 的采纳与运行不仅仅是单一节点企业的问题，还涉及企业间关系问题，而企业间关系又嵌入在经济、社会的网络之中。“网络是科层和市场的替代，网络的核心特征是一系列协调机制，这不仅仅包括价格、退出机制和外部规则。”① 组织间信息系统涉及多个主体，它的治理不同于组织内部的信息系统，依靠组织内的命令链来部署、协调和运行。组织间信息系统的治理，就是通过一系列的激励约束安排，克服成员企业的机会主义行为，最大限度地保持合作、保持组织间信息系统的健康运行。

---

① ［美］安娜·格兰多里：《企业网络：组织和产业竞争力》，中国人民大学出版社 2005 年版，第 3 页。

从本节开始，通过案例来讨论信任、权力、标准等社会因素对组织间信息系统的采纳、协调和运行管理的作用。

6.3.1　对案例一的分析

1. 信任与权力机制。

（1）基于制度的信任。三联作为占山东家电销售市场份额45%，占济南市场份额70%的大的渠道商，与上下游企业有着长期的相互依赖的关系，建立在长期互动基础上的信任关系，经过契约的制度化，形成基于制度的信任关系。这种信任关系在三联发起的家电类电子商务与现代物流工程中起了重要的作用。

2002年5月30日，以三联为发起方，包括来自中国乃至国际家电产业链上游的海尔、联想、西门子、伊莱克斯、惠而浦、海信、TCL、科龙、美的、松下、澳柯玛等22家生产厂家，120家下游的家电销售商以及10几家银行的代表，在三联集团的倡导下签署了《关于共同发起建立中国家电业电子化战略物流体系的倡议书》，家电类电子商务与现代物流联盟正式成立。山东省、济南市两级政府、几十家新闻媒体都派代表出席了联盟成立大会。

从2000年开始，中国彩电业在历经了十多年的高速增长后陷入行业亏损的境地：多家上市公司先后报亏。长期以来，中国家电业以生产商为主导的供应链，流通环节多，生产厂家热衷于自建销售网络，厂家与商家许多网络重叠，销售成本增加，专业化程度低，流通费用居高不下，企业负担沉重。同行业企业间的低价竞争和上下游之间的不信任，使企业不能有效整合各种资源，制约了整个行业对市场的有效开拓。特别是彩电企业的竞相降价，过度竞争，差点导致全行业的崩盘。

张继升在讲话中指出①："尽管家电企业大都实现了企业内部的信息化，但由于采用的系统各异，上下游互不连通，成为一个个'信息孤岛'，最终导致全国家用电器全面大幅度过剩。由此家电业的微利时代全面到来，生产者和经销者的利润之低，已经超过了他们所能承受的极限。到哪里去寻找新的利润源泉？这就是流通环节。在目前家电业过多的流通环节下，流通成本占总成本的30%—40%之多，我国去年全社会流通费

---

① 参见三联集团内部报纸《三联报》，2002年6月5日。

用达17880亿元，约占GDP的20%，而发达国家物流产业产值仅占GDP的10%。向流通要利润，是中国家电业需要攻克的一个重要堡垒，也是目前最大的利润增长点，这是家电业结束多年徘徊、重振辉煌的关键所在，也是三联最希望大力突破的关键。”

张继升表示：“联盟有一整套的条约，来约束各个企业，因为信息是全部透明的，那么，对于私自降价恶性竞争的行为肯定是要受到惩罚的。”“同时它还具有垂直性和增值性的特点：联盟将以家电采购、分销、销售为核心业务范围，高度垂直，它建立网上客户分销系统及直接面向上游供应商的网上采购系统，并将整个系统高度集成，以提高家电营销的效率和效益；同时形成家电信息集散中心，为家电生产、销售、消费的一体化、个性化、增值性奠定基础；经过整合的业务链流程将大大降低家电生产企业、流通企业、物流企业的生产、交易、流通成本，提高市场运作效率，联盟网络将提供多种多样的在线信息服务，为交易双方提供交易前、交易中和交易后的一体化服务。”

张继升当众宣布：“三联将与上下游企业结成更紧密的利益共同体，以世界上最先进的营销方式——基于电子商务的现代物流，打造中国规模最大的家电电子商务联盟，组建物流航母，实现中国家电业‘买世界，卖世界’、全球采购、分销的终极目标”。

由此可见，通过公开的合作规范、公开的合作协议、公开的新闻监督和对互惠互利的价值认同，对网络中信任关系的建立和维护起到了积极的影响作用。

（2）基于关系的信任。通过电子商务与现代物流系统，实现上下游企业间的信息共享，对双方科学安排产销、压缩物流成本起着积极的作用，特别是，大规模订制一改厂家生产什么商家卖什么的“被动采购”为消费拉动。采用订制采购模式有利于形成家电经营品种差异化，减少中间环节，节省厂家大量的制造、流通成本，同时发挥商家接近消费者的优势，以差异化产品满足消费者个性化消费需求。三联每年邀请上下游企业到田横岛度假村举行供应链营销研讨会，并借此进行大规模订制。2002年，利用系统实现的大规模订制，一次就以囊括彩电、冰箱、洗衣机、空调、热水器、小家电等110多个品种，共12万台，价值近3亿元的一揽子定制订单落入了50多个家电厂家“口袋”。2004年，更是通过系统与国内64个厂家签下6亿元的订制大单。海尔至少有7款空调是根据三联家电客户反馈信息特别订制的，系统的无缝对接保证了厂家和商家对客户需求的快速反应能力。

厂商之间的互惠互利关系，增强了相互之间的信任，降低了交易成本。

（3）企业间相互参股的尝试。“力求供应链成本更低，变厂商的竞争关系为竞合关系”是三联发起厂店电子商务联盟的动机。三联拟利用拥有的5300万流通股与上游厂家通过参股、交叉持股实现资本的融合，使公司在纵向上利用资本纽带建立新型厂商关系。

三联集团重组“郑百文”之后，手中握有50%的法人股和50%的流通股（5300万流通股）。正是这5300万流通股，成了三联集团重要的战略资源。他们希望通过定向增发流通股的形式，从资本层面与自己的上游企业形成真正的战略合作关系。

在“三联家电第二届供应链营销研讨会”上，崔葆瑾提出了一个定向增发流通股的方案：在协商沟通的基础上，上市公司“三联商社”向某些供应商定向增发流通股，增发获得的资金将以预付款的形式逐渐回到供应商的账上。有了这些预付款，供应商与经销商之间在信用问题上做了很好的安排，厂家在供货和结款上就会更从容，他们可以比较放心地与三联商社做生意。其次，由于供应商持有的是流通股，这就有了一个很好的退出机制。如果他们不认可三联商社的经营方式或者双方合作出现问题，供应商可以在二级市场上“用脚投票”，卖掉自己手中的股票。尽管这个方案目前还处在酝酿阶段，一些供应商已经流露出兴趣，当然，最终能否实施，还得等待证监会的批准。

由此可见，联盟成员基于合作共赢的理念，通过信任机制，共享电子商务与现代物流系统。三联利用它在供需链中的地位所具有的权力，即它的影响力和支配力，发起了家电电子商务联盟，并扮演着整个价值链的协调者和流程变革者的角色。

以上事实支持了本书的假设H9、H10。

2. 标准。在开发和推广电子商务与现代物流平台的过程中，三联深感标准对协调供需链企业的重要性。张继升曾不止一次的讲道，现代服务业主要有两个方面的特点：一个是现代化，一个是连锁化，连锁本身就是在卖标准。“一流的企业做标准”，要通过企业间的电子商务“买世界，卖世界”。

继 2001 年受科学技术部委托，承担实施了“十五”国家科技攻关计划中唯一的“家电业电子商务与现代物流示范工程”之后，2004 年，三联又作为全国现代服务业唯一试点单位，受科学技术部、国家质检总局和国家标准委委托，承担实施了现代服务业“重要技术标准试点”工作。2005 年 12 月，这两个重点研究项目顺利通过了专家组的终期验收。三联集团逐步形成了依托电子商务发展现代物流的支持平台、标准化体系和运作模式。

据刘勇介绍①，这一标准是国家“十五”项目“面向现代流通的电子商务标准研究”的一个子专题，实行和推广目的在于，一方面将通过规范电子商务采购关键作业流程，使关键流程标准化。另一方面，将改造传统采购作业标准，使之更适于现代电子商务采购技术的需要，达到优化流程、降低采购成本的目的。同时，将会建立有效的采购监督机制，保障采购过程诚信、透明，有利于管理者评估采购业绩。

根据实践中的需求特点，三联将这一标准分为流通业商品采购术语规范、新品采购流程规范、单品效益评价指标和商品组合原则 4 个方面搭建，主要描述并建立规范的电子商务采购关键作业，内容包括：谈判及合同订立、供应商评价体系、订货与补货系统、供货商回款保障体系、商品评价体系（含商品效益评价、商品质量评价、标准流程控制文档）等。

在实践中，“商品采购关键作业标准”遇到了一些需要解决的问题，比如作业流程设计的科学化和经济性要求，相应评估体系和评估指标的建立，商品采购关键作业标准专题考核指标等。根据设计，这些问题解决后，最终的标准不仅适用于电子商务信息管理系统中的采购流程管理，而且适用于商业企业中评估采购人员业绩，以及相应的流程培训。

除了“商品采购关键作业标准”之外，三联家电还承担了“全国产品与服务统一标识代码”的推广应用工作。作为国家重大的信息化基础建设和关键措施，即将推出的全国产品统一代码标识制度，是指对产品及其相关信息实施统一标识、统一赋码、统一管理、统一维护，所需的政策、标准、组织、运营机制、技术实现等的有机整体，旨在实现对产品及其相关信息在其整个生命周期内的唯一标识。

---

① 资料来源：对三联网上商城总经理刘勇的访谈。该同志参与了“标准”课题的全部工作，是成果验收时的主要汇报人。

为推进这一工作并将成果应用于电子商务平台，三联派出了大批调研人员，对供应商的商品条码使用情况，下游商业企业在信息化、自动化合作方面的基本设想，进行了数据调查和汇总分析。

刘勇说，“我们设计的这个标准主要有工作的标准、管理的标准、技术的标准。物流和信息基本属于技术标准。随着国家和企业对标准化工作的重视，越来越多的企业会在标准的协调下，加入到三联的家电电子商务与现代物流系统中来。也只有遵循标准的联盟企业，才有可能数据共享，才能分享系统带来的合作共赢的利益。现代服务业重点技术标准是三联来制定的，在三联的联盟体系中，三联就拥有了优先权。”

由此可见，组织间信息系统中，企业之间的合作实际上可以理解为它们对一种共同标准的采纳和遵守，这种做法可以产生网络效应，从而产生多赢的局面。同时，标准也是 IOS 的一种治理手段，它体现了 IOS 的一系列规则、规范和程序。IOS 的成员企业只有采纳和遵守这些标准，才能享受到随着成员企业的不断增加而致的网络效应，IOS 才能协调运行。

以上事实支持了本书的假设 H11。

6.3.2 基于案例二的分析

1. 信任与权力机制。与案例一中上下游企业在长期的互动中建立起的信任关系有所不同，构成客票代售网络的企业间往往原本没有直接的关系，信任是通过以下方式建立的：

(1) 基于制度的信任。《济南铁路局客票销售代理业务管理办法》包括 6 章 36 条。在代理条件的规定中特别明确地指出，代理人必须具备企业法人资格，注册固定资产值不低于 10 万元，流动资金不低于 5 万元；客票代理营业地点一般应设在旅游景点、繁华的商业街或居民密集的社区内。并对营业条件、业绩、人员等都有具体规定。

在《铁路客票销售代理意向书》中，双方对营业场所的设置、提供的条件、代理费用等方面达成共识。

《铁路客票销售代理合同》则具体明确了双方的权利与义务、收入核算、票据请领、违约责任的确定及处罚等事宜。

代售点代表着铁路对外的形象，因此，对有损“路风”的问题，铁路有权对代售企业给予相应的处罚。

(2) 其他信任与权力机制。笔者在济南站调研时发现，代售企业的选择和确定还远不止上述条件。至少还包括：

①担保人。铁路客票是有价证券，其严肃性不言而喻。某一企业欲申请代售网点，一般都要有中间人作担保，中间人一般是铁路方面信得过的企业或铁路内部职工。

②押金。代售点要交押金 2 万元，以防范客票收入不及时上缴等风险。

③网点位置与审批。代理网点的设立必须符合铁路局客流吸引区内的规划布局，并直接面向社会服务，方便旅客购票。申请企业要提交对所在地及周边客流吸引区客源市场、客流量的调查、分析及预测报告。铁路局有权决定停止或开办客票代理业务的审批。

（3）监督与激励。

①铁路与银行联手对售票网点实施监督。在铁路批准代售点时，为其指定在建设银行济南铁路支行开设账户，规定代售点每天 18 点将一天的售票款划入指定账号，再由银行统一划转铁路。为此，银行要求各售票网点预交 1 万元的押金。

②针对代售点存在多收代理费、对紧俏车票提前打票囤积居奇等问题，铁路常设的各级“路风管理办公室”采取到代售点、车站和列车上抽查的办法，一旦发现，会对代售点施以重罚，直至取消代理资格。售票系统也在技术上对代售点做了一些限制，比如代售点不能售团体票，同一车次最多只能连续出票 10 张等措施。

③开设旅客投诉电话、网站。

④铁路与旅客一起评选诚信售票网点，并在网站公布。

⑤定期召开代售网络工作会议，请优秀代售点介绍经验。

⑥对经营不良、违规经营的代理企业取消代理资格。

（4）合作结果与选择。济南铁路局与各代售企业的代理合同有效期限为一年，铁路客票销售代理业务批准证书与铁路客票销售代理合同有效期一致。合同期满，双方未提出异议，合同可继续有效。如代理企业有违规行为或代理企业全年售票不足 2000 张时，则取消其代理资格。

合同有效期满后，双方若对某些问题不能达成新的共识，也会选择中断合作。比如，济南站曾与济南工商银行储蓄网点进行过合作，合同期满后，双方对彼此的一些新的要求难以达成一致，最后选择分手。

针对有些客票代理企业对紧俏车票采取抢票、占票、违规收取代办手续费等严重败坏铁路企业公众形象的行为。据悉，济南铁路局及其他铁路局都在酝酿取消部分违规代办企业，改由铁路的多经企业来经营。

由此可见，基于信任和权力机制，有助于企业间协调和合作，有助于减少机会主义行为，规避风险，保证组织间信息系统的健康运行；组织间信息系统的采纳不仅仅是某一时刻的决策行为，而应是一个动态的循环的过程，组织以取得合作优势为采纳 IOS 的目的，组织间合作的结果又影响着 IOS 的进一步采纳。

以上事实发现，支持了本书的假设 H9、H10 和 H12。

2. 标准。

(1) 管理标准。对符合代理条件的企业，要指定专门的售票员，接受《铁路客运规程》、《代售网点工作标准》、《客运代售管理办法》等培训。济南站要求所有售票人员贯彻“六统一、六规范”管理和“五不准、五公布、五必须”规定。凡违反者，一律严肃处理，从而实现规范化管理。

代理人凭铁路局批复文件，核发的“铁路客票销售代理业务批准证书”及“铁路客票代理合同”向营业地点所在地的工商行政主管部门和地税局申请办理工商、税务登记手续及领购收费票据。

代理网点实行统一标识、规范服务。代售点的营业场所要悬挂济南铁路局统一监制的铁路客票代理销售标志；营业场所要揭示列车时刻表、票价表、服务收费标准及必备的铁路客运规章等；售票柜台不低于 1.2 米、宽度不小于 0.5 米，柜台上放置统一的服务形象标识，售票人员要挂牌服务。

(2) 技术标准。代理网点出资购买由铁路局提供的联网售票机一套(专用微机、客票打印机等)，其技术标准是：

“代理抵押、汉卡租用”：汉卡是售票微机中的插卡，汉卡中有固化的客票查询制票软件，用于代售点与车站数据库的交互，汉卡有全路唯一的标识。汉卡实行租用制，待代售点与铁路局合同期满后收回。

代售点从铁路局领取制票专用的票卷、碳带，设备维护只能由铁路局指定的单位承担。

可见，代售企业只有遵循一定的标准，才能成为铁路客票代理网络的一员，标准规范成员企业的行为，保证了计算机售票系统的健康运行。由此可见，组织间信息系统中的企业之间的合作，实际上可以理解为它们对一种共同标准的采纳和遵守，这种做法可以产生网络效应，从而产生多赢的局面。同时，标准也是IOS的一种治理手段，它体现了IOS的一系列规则、规范和程序。IOS的成员企业只有采纳和遵守这些标准，才能享受到随着成员企业的不断增加而致的网络效应，IOS才能协调运行。

以上事实支持了本书的假设H11。

6.4　跨案例聚类分析

以上3节采用了模式匹配和逐项复制的方法来验证假设，本节将两案例按照企业对IOS感知的有用性、易用性、治理机制和流程优化等方面，通过案例事实聚类，编制案例呈现文档表格，以做出进一步的分析证明。

IOS促进了企业流程的融合和拓展，在本书的研究案例中，IOS采用前后企业内和企业间流程变化及结果如表6-4所示。IOS感知有用性、易用性、关系治理等跨案例聚类分析列表如表6-5、表6-6和表6-7所示。

表6-4　　IOS采用前后企业内和企业间流程变化

	流程	采纳前	采纳后	结　果
三联电子商务与现代物流系统	三联内部流程	商社总部13个一级部门	8个一级部门	减员400人，每年减少人力成本500万元
		三联内部配送部门	3C产品专业物流提供商	入选2005年度山东省物流综合实力50强
	联盟企业间流程	家电厂家和商家都有自己的仓储、运输等部门，上下游间多级物流	厦华电子等公司专注于核心能力，依托系统将山东区域的物流交三联	厦华存货下降70%，商品周转天数由46天降至11天，仓储费用降低45%，装卸费用降低30%，办公等费用降低83%
铁路计算机客票售票订票系统	铁路系统内部流程	车站售票窗口单一渠道	车站窗口、网上订票、送票、代售网络等多渠道	窗口延伸，旅客购票选择多元化。扩大营销，提高市场份额
	联盟企业间流程	铁路企业与代售企业没有直接的关系	共享银行、邮政等网络，与各式各样的企业建立起代理关系	济南铁路局代售网络客票进款已占全部进款的1/3，联盟企业互惠共赢

表 6-5　　IOS 感知有用性跨案例聚类分析

IOS 采纳因素			案例一	案例二
IOS 感知的有用性	互惠多赢	合作多赢	三联自 2003 年起连续年销售过百亿，2005 年实现销售收入 140 亿元。在山东省的家电市场占有率由以前的 30% 提高到 40%—45%，其中网上采购、分销、销售超过 30 亿元；降低群体企业物流成本 14.69%；某知名品牌彩电企业在加入电子商务与现代物流联盟后，在销售量提高 30% 的情况下，存货下降 70%，商品周转天数由 46 天降至 11 天，仓储费用降低 45%，装卸费用降低 30%，办公等费用降低 83%	铁路运输企业在不需投入设备、人力、资金、站舍的情况下实现了代售网络的建设和售票窗口的延伸，代售客票进款占济南铁路局客票收入的 30%，成为铁路售票的第二支营销队伍；丰富了银行等代理企业的多元化服务、提高了竞争力和市场份额；按照银行与铁路局协议，定期划缴客票代售收入进款，利用时间差，银行各网点相应增加了活期存款余额；增加了银行等代售网点的收入；方便了旅客买票
		共享渠道流程重构	某家电厂商加入到三联的信息数据平台，将其山东区域配送业务委托三联物流后，山东区域物流服务排名由原来的 30 名提升至前 5 名，综合服务指标满意度由原 80% 提升到 96% 以上，免去了过去厂家的产品要逐级经过厂家在各地的仓库再进入商家的环节，使企业间的流程更趋扁平化；信息系统的关闭使得上游厂家不知如何办公	计算机售票系统的采纳与使用使得银行、邮政等企业的网络资源成为铁路客票的分销渠道；所在地具有吸引旅客的区位优势，比如旅游景点、繁华商业街、高校或居民密集社区等，都可以成为铁路客票代理企业；丰富了购票渠道，车站、代售点、电话订票、网上订票、送票
	必要性	利益伙伴的压力	家电上下游企业间相互挤压价格，争夺终端市场的价格控制权，海尔等厂家 ERP 上马	在各种运输方式的激烈竞争中，铁路的垄断地位已不复存在，其市场份额较 1980 年锐减一半，民航已率先采用了计算机售票系统并依此形成了代理售票网络
		竞争对手的压力	主要竞争对手跑马圈地般的在全国建立门店，依全国性的网络，价格大战，垄断市场	

续表

IOS 采纳因素			案例一	案例二
IOS感知的有用性	柔性与组织协作优势	动态响应能力	利用信息系统实现大规模定制，每年3—5个亿的订单落入50多个家电厂家，实现商家驱动，快速反应，按需生产，减少了中间环节，节省厂家大量的制造、流通成本	售票网络的延伸，使得铁路运输企业对市场的响应更加准确及时，许多网点企业深入到高校、民工聚集地，化解买票难，吸引客流
		效率	B2B 订单响应时间由原先的 36 小时减至 24 小时，B2C 订单响应时间由原先的 12 小时减至 8 小时。某家电厂家加入三联的信息系统后商品周转天数由 46 天降至 11 天	保证了每张票的销售不超过 3 分钟，在同一窗口可以买任何车次的车票，提高了作业效率，加强了席位管理，减少了列车虚糜
		多样性	通过经营机制和管理模式的创新，营造出“无竞争的环境”，实施差异化竞争。通过与上下游企业的合作，形成商家驱动，合作共赢的敏捷供需链，形成了区域物流中心+旗舰店+直营店+特许店+网上商城的立体化流通网络体系，形成了区域复制的扩张模式	形成了包括银行储蓄网点、酒店、旅行社、广告商、提供替代服务的竞争对手——航空、公路运输的售票点、在住宅小区、高校区等地的代售点、信道提供商等在内的多物种和谐共存的铁路客票营销网络
		鲁棒性	上游厂家及时掌握渠道的分销、促销、库存等情况，减少了不确定性和盲目性，便于各方对环境的变化做出及时反应	客票销售网络成员企业利益相关，共同开拓客源市场、预测客流，售票系统有完善的营销统计分析系统，为各级运输管理部门服务，有效降低环境的不确定性，提高稳定性

表 6－6　　IOS 感知易用性跨案例聚类分析

IOS 采纳因素			案例一	案例二
IOS 感知的易用性	IT/IS 基础设施和 IT 能力	IT/IS 基础设施：网络通信设施；组织内各信息系统的建设及其集成	于 1995 年建成局域网，实现办公自动化和会计电算化，1997 年，推行进销存系统、门店 POS 系统，1998 年百灵网开通，1999 年网上商城开通。2000 年 ERP 上线，百灵光纤网络覆盖济南市城区及其所属县、市的 96%，网络主干向青岛等山东 17 地市延伸	经历了近 40 年的信息化发展历程，建成了覆盖全国的数据通信网；铁道部——铁路局——铁路分局——站段四级信息处理平台；数千个基层站、段建有 UNIX 环境的双机热备的小型机、微机服务器和相关作业岗位的 PC 客户机；应用系统建设成果斐然
		IT 能力：获取、消化、转化知识的能力；学习、培训、项目管理、技术支持的能力；流程变革、组织转型的能力	IT 与企业战略匹配，取得差异化的竞争优势。三联的 ERP 论坛和 IT 沙龙中，围绕采购、流程、技术等问题进行的讨论，显示出员工对公司新的业务模式和管理方式有着极大认同和参与意识。技术并不是最重要的，管理思想、管理经验、管理流程的调整才是最重要的。企业内部的业务流程完全构架在信息化管理基础上。原来商社总部 13 个一级部门调整为 8 个一级部门，减员近 400 人。严格的培训考核机制	从铁道部、铁路局、原铁路分局到基层站段有一支 IT 开发、维护、培训的队伍和成熟的体系。由铁道部信息中心牵头，从各铁路局计算中心抽调技术人员统一组织设计、开发队伍，由各铁路局组织局管内各级 IT 部门和相应的业务部门共同实施，原铁路分局和站段的 IT 部门主要负责维护和培训等；铁路客票发售和预订系统促进了各铁路局之间的收入清算、利益分配、流程管理等方面的变革。同时，为铁路走向市场、参与竞争提供了手段

续表

IOS 采纳因素			案例一	案例二
IOS 感知的易用性	IOS 兼容性与便利性	IOS 与组织内信息系统的匹配程度；操作简单程度、界面友好程度；供应链运作的可视化	软件选型时，界面友好、使用便捷一直是一项重要的指标；从组织内到组织间信息化的渐进过程，信息系统的无缝连结；对连锁加盟店的 POS、OMP 等系统，界面友好、操作便利直接决定了加盟店用户接受的难易程度；电子商务与现代物流平台使得上下游企业能够及时了解供需链上不同环节的信息，使得供需链可视化了。ASP 方式便于上游小企业采纳	不断更新版本，使用更方便，在 5.0 版本下，车站可以通过售票系统实时地将有关信息发送到代售点，剩余车票、席别等都可实时查询，方便了代售点，深受代售点的欢迎。2005 年，济南站经培训上岗代售人员 118 人，2006 年进行新版本培训 5 次，共计 200 余人
	成本与企业规模	显性与隐性成本；交易成本的节约、流程优化所致的成本节约；大企业发起采纳 IOS，中小企响应采纳 IOS	三联视信息化成本为战略投资，三联更关注的是长远利益，更关注的是供需链产生的网络效应和三联在其中的核心地位；根据上下游企业不同的信息化水平，采取了不同的联结方式；为了供需链成员企业，特别是中小企业能顺利地接受，三联主动承担起了系统的建设和维护，并免费提供了相应软件和培训费用。ASP 方式便于小企业低成本采纳	客票代理网点的投入成本较低，风险较小，盈利空间较大。小企业乐于接受；银行等拥有网络资源的大企业，更多是从多元化服务的角度接受售票系统

表 6－7　　IOS 关系治理跨案例聚类分析

IOS 采纳与治理因素			案例一	案例二
IOS 关系治理	信任	基于制度的信任	22 家生产厂家，120 家下游的家电销售商以及 10 几家银行的代表，在三联集团的倡导下签署了《关于共同发起建立中国家电业电子化战略物流体系的倡议书》，家电类电子商务与现代物流联盟正式成立。联盟有一整套的条约来约束成员企业，建立起成员企业间的信任关系，共享利益。对私自降价恶性竞争给予处罚	《济南铁路局客票销售代理业务管理办法》从代理条件、审批程序、经营管理、票据与收入管理、代理网点的管理等 6 章 36 条做出了规定。《铁路客票销售代理合同》则具体明确了双方的权利与义务、收入核算、票据请领、违约责任的确定及处罚等事宜
		基于关系的信任	上下游企业长期的关系互动中累积起来的集体身份认同，激励组织去履行承诺，防范机会主义行为。田横岛度假村举行供应链营销研讨会，并借此进行大规模订制，厂商之间的互惠互利关系，增强了相互之间的信任。上下游企业间交叉持股的尝试，变厂商的竞争关系为竞合关系	某一企业欲申请代售网点，一般都要有中间人作担保，中间人一般是铁路方面信得过的企业或铁路内部职工。风险抵押金的收取
	权力	影响和支配其他企业的能力	三联作为占山东家电销售市场份额 45%，占济南市场份额 70% 的大的渠道商，对上下游企业有着影响力，大规模采购、连锁网络、品牌效应等对下游企业形成了一定支配力	铁路局拥有的客票资源和铁路政企合一的体制。对代售企业有着支配力和影响力
	标准	管理标准	连锁本身就在卖标准。“一流的企业做标准”，要通过企业间的电子商务“买世界，卖世界” 承担面向现代流通的电子商务标准研究课题，规范电子商务采购关键作业流程，使关键流程标准化。改造传统采购作业标准，使之更适于现代电子商务采购技术的需要，达到优化流程、降低采购成本的目的。建立有效的采购监督机制，保障采购过程诚信、透明，有利于管理者评估采购业绩	对符合代理条件的企业，要指定专门的售票员，接受《铁路客运规程》、《代售网点工作标准》、《客运代售管理办法》等培训。济南站要求所有售票人员贯彻“六统一、六规范”管理和“五不准、五公布、五必须”规定。代理网点实行统一标识、规范服务

续表

IOS 采纳与治理因素			案例一	案例二
IOS 关系治理	标准	技术标准	流通业商品采购术语规范、新品采购流程规范、单品效益评价指标和商品组合原则；承担“产品与服务统一标识代码”的推广应用工作，只有遵循标准的联盟企业，才能进行数据共享。目前与上游企业的三种数据交互方式	由铁路局提供的联网售票专用微机、客票打印机等；汉卡中有固化的客票查询制票软件，用于代售点与车站客票数据库的交互，汉卡有全路唯一的标识。汉卡实行租用制。制票专用的票卷、碳带；设备维护只能由铁路局指定的单位承担

通过以上跨案例的聚类表格可看出，两个案例在 IOS 采纳因素方面有着相同或相近的事实支持，换言之，为了 IOS 的成功采纳，两个案例采取的若干措施可以归纳为相同的与研究假设相符合的一系列采纳因素。IOS 的采纳也都引起了企业内与企业间流程的融合和优化，取得了协作优势。

6.5　其他发现与模型修正

6.5.1　政府驱动

在长期跟踪以上案例的过程中，笔者发现，除了上述影响 IOS 采纳和企业间合作的因素之外，还有一个不容忽视的因素，即：以上两个系统的成功，都或多或少的带有“政府推动”的色彩。值得注意的是，政府不是简单的以“拉郎配”的方式促成企业间的“互联互通”，而是采取了“政府搭台，企业唱戏的”方法。

2001 年底，科学技术部就“区域电子商务与现代物流示范工程”课题向全国公开招标，先后有北京、天津、上海、重庆、济南等 12 个城市竞标。三联集团代表济南市参加项目投标，并首批中标。于是，三联的“电子商务与现代物流平台”成为济南市电子商务与现代物流应用示范工程——中国“十五”国家重点科技攻关项目，中国唯一的家电类电子商务与现代物流应用示范工程。在这个总投资5000万元的示范项目中，政府只出了120万元引导资金，其余全部由三联自筹。

从科学技术部到山东省、济南市，各级政府都对该项工程给予了足够的重视，这对包括上下游企业、银行等在内的联盟成立，起了重要的作用。

同样，三联的标准化试点工作也得到了各级政府的支持。这可以从《三联报》2005年12月26日发表的题为“肩负起国家赋予的责任和使命——三联集团标准化项目研发历程”一文中清楚地看到：

2004年4月19日，山东省科学技术厅、山东省质量技术监督局向科技部、国家质检总局及国家标准委推荐三联集团公司为山东省技术标准试点申报企业。

2004年6月24日，在山东省标准化研究院、山东省科学技术厅、济南市科技局支持下，三联集团成立技术标准企业试点项目组，参加了技术标准企业试点工作实施方案可行性论证会，并成功通过了专家组的评审、论证。

2004年8月20日，科学技术部、国家质检总局、国家标准委发出通知，认定三联集团为国家“重要技术标准研究”现代服务业专项试点单位。三联集团正式承接“重要技术标准试点”企业项目。

2004年8月，三联集团与山东省标准化研究院，结成标准化战略联盟。

2004年10月12日，“中国技术标准战略与经济全球化”研讨会在北京中国标准化研究院召开。三联集团公司总裁于其华代表三联集团出席了本次会议。

2005年8月，项目进入实施阶段，全面实施专项的各项内容，形成以三联集团为核心、联合上下游290家相关企业的产业链标准化联盟及对应的标准化体系（包括标准化组织、制度和工作章程）。

2005年7月13日—15日，公司参加了由科学技术部、国家质检总局、国家标准委等专项组织部门在青岛举办的国家“重要技术标准研究”重大科技专项企业试点工作中期交流会，获得与会专家的高度认可，顺利通过了此次项目中期指导检查。

2005年12月14日—17日，由科学技术部、国家质检总局和国家标准委组织的"重要技术标准研究"专项企业试点验收会议在北京召开。作为现代服务业唯一试点单位——山东三联集团承担的现代服务业"重要技术标准研究"项目顺利通过终期验收。

事实证明，政府的支持和引导，有利于上下游企业对三联等核心企业建立和强化信任、权威等心理认同，从而有利于 IOS 的采纳、运行和企业间的合作。

在铁路客票代售网络的形成和运行中，也能看到这种因素的存在。2007 年 1 月，济南站召开"客票代理工作会议"，与会期间，笔者曾与某代售企业负责人聊到为什么选择做铁路客票代理一事。他告诉笔者，"铁路是国家的，靠得住，信得过，只要自己想办法，找客源，就能盈利"。目前铁路政企不分的体制，使铁路企业具有了某些政府的色彩，因而强化了客票代理企业对铁路企业的信任。

之所以研究模型没有包含政府的驱动因素，是因为起初模型考虑的仅仅是企业和企业之间的微观环境因素，而没有考虑大的宏观环境。事实上，政府的驱动在很大程度上影响着企业的行为，它是企业的一种外部驱动力。在模型的企业对 IOS 有用性感知中，企业为了应对利益伙伴和竞争对手的压力，产生了采纳 IOS 的必要性感知。因此，在模型修正中，可以把政府的驱动力与企业利益伙伴和竞争对手的压力一起作为企业采纳 IOS 的外部驱动力。值得注意的是，政府的驱动力并不是表现为对企业间互联互通的"拉郎配"，而是通过对重点企业的支持，强化了其他企业对重点企业的信任、权力等心理认知，而信任、权力是促使企业采纳 IOS 的直接驱动力。

6.5.2　核心与骨干

在第四章的理论分析中曾指出，作为 IOS 发起方的核心企业，由于其在 IOS 权力结构中的地位使然，它的权力，即对其他企业的影响力、支配力、吸引力和整合力是 IOS 的一种治理机制，协调着 IOS 的健康运行。在调研中，笔者还进一步发现，在一个 IOS 相连接的企业间网络中，除了核心企业外，还有若干关键企业与核心企业一起构成了企业网络中的骨干网。骨干网提供了可与其他参与企业一起创造价值与分享价值的基础平台，同时，骨干网成员也承担着 IOS 的协调治理的功能。比如，在铁路客票代售网络中，车站、银行和提供通信基础设施的信道服务商共同构成了骨干网。银行不仅仅是参与了客票的代理，还与车站一起承担了代售网络的协调和监督的管理职能。如前所述，各代售企业每天18点将一天的收入进款存入指定的银行账户，为此，开户时须先在该账户存入1万元。由于银行与铁路间的收入进款结算有一时间差（一般是一个月），银行出于增加储蓄余额的动机，也会主动对代售企业的及时上缴客票进款实施监督。银行在整个铁路客票代理网络治理结构中扮演了重要的角色。

根据客票流向、进款流向和代售企业的网络连接等关系，可绘制济南站及其所属79个节点代售企业的关系矩阵（因占篇幅，略），笔者运用社会网络分析软件UCINET6绘制了包括济南站、银行、信道商和27个代售企业在内的网络结构如图6－3所示（之所以只选了27个代售企业，是因为各代售企业的连接关系是一样的，如将79个代售企业全部绘制在一张图上，由于节点、关系箭头过于密集，反而不易看清问题）。

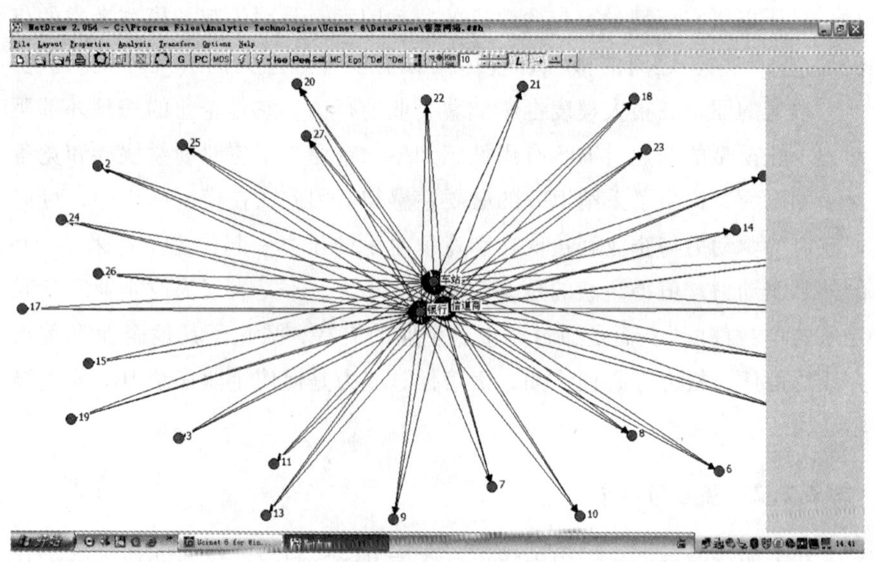

图6－3　30个节点的客票代售网络示意图（n＝30）

资料来源：UCINET6软件截图。

图中用数字1—27代表27个代售企业。从图中可直观看出，济南、银行和信道商是许多箭头的接受者，它们是所在网络的各种关系的协调者，构成了代售网络的骨干网。

社会网络分析者是从“关系”的角度来定量界定权力的，并且给出多种关于社会权力的具体的形式化定义，即各种中心度和中心势指数。行动者越处于网络的中心位置，其影响力越大，也就是权力越大，中心度与群体的效率有关；中心势特指一个作为整体的图的中心度，也就是，图的总体整合度或者一致性。在一个网络中，相对点度中心度大的节点拥有较大的权力。用UCINET6对上述网络进一步做中心度和中心势分析（如表6-8所示）。

表6-8　　　　中心度和中心势

		Degree	NrmDegree	Share
1	车站	29.000	100.000	0.175
2	信道商	28.000	96.552	0.169
3	银行	28.000	96.552	0.169
4	1	3.000	10.345	0.018
5	2	3.000	10.345	0.018
6	3	3.000	10.345	0.018
7	4	3.000	10.345	0.018
8	5	3.000	10.345	0.018
9	6	3.000	10.345	0.018
10	7	3.000	10.345	0.018
11	8	3.000	10.345	0.018
12	9	3.000	10.345	0.018
13	10	3.000	10.345	0.018
14	11	3.000	10.345	0.018
15	12	3.000	10.345	0.018
16	13	3.000	10.345	0.018
17	14	3.000	10.345	0.018
18	15	3.000	10.345	0.018
19	16	3.000	10.345	0.018
20	17	3.000	10.345	0.018
21	18	3.000	10.345	0.018
22	19	3.000	10.345	0.018
23	20	3.000	10.345	0.018
24	21	3.000	10.345	0.018

续表

		Degree	NrmDegree	Share
25	22	3.000	10.345	0.018
26	23	3.000	10.345	0.018
27	24	3.000	10.345	0.018
28	25	3.000	10.345	0.018
29	26	3.000	10.345	0.018
30	27	3.000	10.345	0.018

DESCRIPTIVE STATISTICS

		Degree	NrmDegree	Share
1	Mean	5.533	19.080	0.033
2	Std Dev	7.601	26.212	0.046
3	Sum	166.000	572.414	1.000
4	Variance	57.782	687.066	0.002
5	SSQ	2652.000	31533.889	0.096
6	MCSSQ	1733.467	20611.971	0.063
7	Euc Norm	51.498	177.578	0.310
8	Minimum	3.000	10.345	0.018
9	Maximum	29.000	100.000	0.175

Network Centralization = 86.70%

Heterogeneity = 9.62%， Normalized = 6.51%

从各节点点度中心度的计算中可看出，车站、银行和信道商具有远远高出一般节点企业的中心度。网络中心势和方差很高也表明在客票代理网络关系中存在着“中心”和“次要”。由此进一步看出车站的“核心”以及银行与信道商在网络中的“骨干”作用。由此验证了假设10，考虑到以上对基于IOS的网络中骨干企业及其作用的发现，可对假设10补充为，拥有较大权力的核心企业与骨干企业一起依其影响力和支配力会发起采纳IOS，并扮演着整个价值链的协调者和流程变革者的角色，在权力结构中处于弱势地位的企业会响应采纳IOS。

6.6　结果与讨论

通过案例事实，采用以上几种分析方法印证了研究假设。即从用户对 IOS 感知的有用性、易用性、关系治理、协作优势等方面，识别出了利益伙伴的压力、竞争对手的压力、政府的驱动力；企业自身对效率、互惠、响应能力、鲁棒性、多样性等柔性需求；企业的 IT 基础、IT 能力；技术相对优势、兼容性、便利性；成本、企业规模；信任、权力、标准；协作优势、流程优化等因素影响着企业对组织间信息系统的采纳。信任、权力、标准等协调着 IOS 成员企业的行为，构成了 IOS 的治理机制，没有这些治理机制，企业就无法利用 IOS 相互合作，也就没有 IOS 采纳可言。

至于感知的易用性如何引发感知的有用性，以及二者为什么会决定采纳行为，本书未及专门论述，因为这在 Davis 的 TAM 模型中已有了严格的证明和结论。

第7章 结论与启示

作者从国家和企业都十分关注的企业信息化中，发现既有理论价值又有实践意义的研究问题。通过理论分析、文献梳理，借鉴面向个体和组织内信息系统采纳的TAM和TOE等模型的研究成果，提出了组织间信息系统采纳和治理模型，识别出了影响组织间信息系统采纳和治理，促进企业间合作的主要因素，根据长期对国内两个成功的组织间信息系统的跟踪调研，围绕研究模型和研究假设，采用国际规范的案例研究方法，设计了案例研究方案，进行了嵌入性的多案例研究。本章尝试回答本书的研究问题，得出研究结论和启示，并指出研究的局限性。

国家一再强调要用信息化改造传统产业，要“重点推进骨干企业电子商务应用，以产业链为基础，以供应链管理为重点，整合上下游关联企业相关资源，实现企业间业务流程的融合和信息系统的互联互通”、要“以企业信息化为基础，以大型重点企业为龙头，引导中小企业积极参与，形成完整的电子商务价值链。”然而，在市场经济环境下，骨干企业怎样才能“整合上下游关联企业相关资源，实现企业间业务流程的融合和信息系统的互联互通”？大型重点企业又该如何“引导中小企业积极参与，形成完整的电子商务价值链”？由此引出了本书的研究问题。

笔者认为，以上问题的解决，相当程度上有赖于组织间信息系统的成功采纳、运行和企业间的合作。为此，首先应当识别影响组织间信息系统采纳的因素有哪些？其次，由于组织间信息系统的参与企业都是自治的法人主体，组织间的信息系统自然不能像组织内的信息系统那样，依赖企业内的命令链来部署和协调。因此，应当明晰组织间信息系统是怎样协调运行的，它的治理机制是什么？

笔者通过理论分析、文献梳理，借鉴面向个体和组织内信息系统采纳的 TAM 和 TOE 等模型的研究成果，提出了组织间信息系统采纳和治理的概念模型，识别出了影响组织间信息系统采纳和治理，促进企业间合作的主要因素，提出了 12 个研究假设；根据长期对国内两个成功的组织间信息系统的跟踪调研，围绕研究模型和研究假设，采用国际规范的案例研究方法，设计了案例研究方案，进行了嵌入性的多案例研究。按照案例研究的分析性归纳的原理，以下尝试回答本书的研究问题，得出本书的研究结论和启示。

7.1 结　论

1. 组织间信息系统是基于资源与能力互补的不同企业，通过计算机和现代通信技术相互连接以实现企业间的信息共享，借助于企业间关系治理结构的协调，相互合作以取得协作优势的企业网络系统。

2. 为了应对环境的不确定性，引发了企业相互协作的动机，企业对组织间信息系统的有用性感知，即企业借此能够实现互惠共赢，能够应对来自利益伙伴和竞争对手等方面的竞争压力，能够提高企业的效率、鲁棒性和对商业需求的动态响应能力以及技术的相对优势等方面的感知，决定着企业通过对组织间信息系统的采纳以进行相互合作的行为。

3. 企业的 IT 资源和 IT 能力影响着组织间信息系统的采纳。具有充分的信息系统基础设施，实现了企业内部各业务部门应用系统建设，并有效完成了企业内部应用系统集成的企业更愿意率先采纳组织间信息系统。企业的 IT 能力，即企业通过运用和配置自身 IT 资源以整合组织其他资源的能力，决定着企业对组织间信息系统的采纳程度。

4. 企业对组织间信息系统的易用性感知，影响着企业对组织间信息系统的接受。组织间信息系统与企业内部信息系统的兼容与使用的便利程度，是否能满足每一个成员企业的需求，是否易于被企业中的具体使用人员所接受，采纳成本、转换成本以及学习成本等因素都直接影响着企业对 IOS 的易用性感知。

5. 组织间信息系统治理的目的在于通过各种制度安排来加强协作、挖掘合作的潜在价值、增强合作收益、抑制机会主义行为，保障组织间信息系统健康运行。信任既是组织间信息系统的一种治理机制也是企业采纳的重要因素。能否与伙伴企业建立起信任关系以及信任机制是否健全影响着企业对IOS的采纳。

6. 权力是一个企业能够影响其他企业按规定的方式行动的能力，是一个企业对其他企业的支配力、吸引力和整合能力。处于网络中心位置的企业拥有影响和支配其他企业的权力。权力既是企业采纳和接受组织间信息系统的驱动力，也是组织间信息系统运行的治理机制。

7. 标准是组织间信息系统的技术规范和管理规范，是企业间相互作用的一种协调机制，企业之间通过标准实现互联互通和流程优化，相互合作从而产生出网络效应。标准决定着企业对组织间信息系统的采纳行为。

8. 组织间信息系统的采纳不仅仅是某一时刻的决策行为，而应是一个动态循环的过程，企业以取得合作优势为采纳组织间信息系统的出发点，企业间合作的结果又会影响着企业对组织间信息系统的选择和采纳。

9. 政府的政策、导向，社会潮流等形成企业对组织间信息系统采纳的驱动力。

7.2 启　　示

1. 组织间信息系统是基于资源与能力互补的不同企业，通过计算机和现代通信技术相互连接以实现企业间的信息共享，借助于企业间关系治理结构的协调，相互合作以取得协作优势的企业网络系统。第一，组织间信息系统是一个社会技术系统，通过计算机及现代通信技术相互连接以实现企业间的信息共享是其技术属性。第二，既相互独立又相互影响的企业是组织间信息系统的重要组成部分。强调组织间信息系统中非技术因素的目的在于，企业信息化实践中，常常视eSCM、B2B电子商务等组织间信息系统为纯粹的技术系统，把信息系统的不成功简单归结为技术问题。而没有从企业自身的IT能力，特别是企业对组织间信息系统的接受和吸收能力去思考，没有从组织间的关系，从管理与技术的融合去反思“IT生产率悖论”，即：组织间信息系统的成功与否，不仅仅是技术问题，更是企业对它的选择、采纳、吸收和融合等管理问题。第三，组织间信息系统中的企业通过计算机相联结形成企业间网络，企业网络是介于科层和市场之间的组织形态，其治理既有别于企业科层也不同于市场。第四，企业应摒弃“大而全”、“小而全”的思维，专注于自己的核心能力，基于资源与能力互补，通过组织间信息系统相互合作以取得协作优势。

2. 为了实现企业间信息系统的互联互通和业务流程的融合，首先，必须使各企业都能感受到由于互联互通所带来的互惠共赢，只有参与各方都能利用组织间信息系统获利，组织间的合作才能持久，相互之间才能建立信任、协作的关系。仅仅把 IOS 作为锁定客户、支配上下游企业以提高自身讨价能力的工具的做法注定是行不通的。其次，应当鼓励竞争，限制垄断，完善市场环境。来自于企业利益伙伴和竞争对手的竞争压力是企业采纳 IOS 的外部驱动力，特别是，在价值链上，处于核心位置的企业决定了其在技术采纳中处于主导地位，其技术采纳行为会成为上下游合作伙伴的技术采纳动因。当企业的竞争对手由于 IOS 采纳而获得了竞争优势的时候，同样会刺激企业效仿对手的采纳行为，并引发企业对 IOS 相对优势的感知。第三，组织间信息系统使能的企业间流程优化，即流程的消除、合并、转移、重构和创造等，有助于成员企业形成变革原有流程的愿景，形成企业间的合作。比如 IOS 支持的联合库存、合作营销、合作物流等应用，使得 IOS 成员企业通过流程变革，减少成本，扩大营销，规避风险，提高响应速度，从而共享组织间的协作优势。

3. 企业的 IT 资源和 IT 能力影响着组织间信息系统的采纳。具有充分的信息系统基础设施，实现了企业内部各业务部门应用系统建设，并有效完成了企业内部应用系统集成的企业更愿意率先采纳组织间信息系统。企业的 IT 能力，即企业通过运用和配置自身 IT 资源以整合组织其他资源的能力，决定着企业对组织间信息系统的采纳程度。首先，“大型重点企业”、“骨干企业”在 IT 资源和 IT 能力方面较之于中小型企业所具有的比较优势，使其成为组织间信息系统采纳的发起方。其次，中小企业应当重视内部的信息系统建设，克服组织中的知识壁垒以促进 IT/IS 吸收，提高 IT 能力。企业对 IOS 的采纳过程也是企业持续学习，不断提高知识存量以克服知识壁垒的过程。针对企业 IT 能力的不均衡，骨干企业可以通过对成员企业的培训等方式以提高其 IT/IS 接受能力，便于其对组织间信息系统的接受。再其次，针对成员企业在 IT 基础设施和能力方面的差异，企业之间的互联互通可以采取不同的形式，企业间流程融合可以渐次深入。换言之，企业间的互联互通未必要等到相关企业内部信息化都达到一致的高水平之后才可以进行。例如，在本书的案例一中，针对上游厂家的不同情况采取了三种互联方式，流程融合的深度也不尽相同。

4. 企业对组织间信息系统的易用性感知，影响着企业对组织间信息系统的接受。组织间信息系统与企业内部信息系统的兼容程度和使用的便利性，是否能满足每一个成员企业的需求，是否易于被企业中的具体使用人员所接受，采纳成本、转换成本以及学习成本等因素都直接影响着企业对 IOS 的易用性感知。第一，组织间信息系统应当追求界面友好、操作便捷、无缝连接，易于组织和个人接受。第二，发起组织间信息系统的骨干企业应当对成员企业进行有关的操作培训，减少其学习成本。第三，对于采纳成本，一方面，发起采纳 IOS 的骨干企业应当把 IOS 作为一种长期的战略投资，另一方面，为了便于成员企业，特别是中小企业采纳，应当尽量减少其采纳成本和转换成本。比如，本书的案例一中，发起企业对接受企业采取了免费提供软件和培训的方法。第四，IOS 的潜在采纳企业应当充分考虑采纳收益与成本之间的比较优势。

5. 能否与伙伴企业建立起信任关系以及信任机制是否健全影响着企业对 IOS 的采纳。组织间信息系统的参与企业都是自治的法人主体，组织间的信息系统自然不能像组织内的信息系统那样，依赖企业内的命令链来部署和协调，传统的仅仅依靠价格机制的市场治理结构只能提供短期经济激励，但无法提供通过合作改善长期战略地位的激励和有效控制风险与机会主义行为，而且在某种程度上两者是相互冲突的，如上下游企业之间的价格压榨只能损坏长期的合作伙伴关系。一切经济行为都嵌入在人际关系网络中，信任能够促进 IOS 的采纳和使用，这是因为，信任机制能够保证企业在 IOS 上的投资，有助于企业间协调和合作；信任制度有助于减少机会主义行为，减少风险，提高了扩展信息共享的机会；企业间不同的信任程度将影响 IOS 的使用。IOS 参与各方的诚信水平、声誉、忠诚、信任的建立、契约的执行等影响着 IOS 采纳和运行。规范的信任机制是 IOS 参与各方相互合作的基础。基于以公开的法律约束、公开的监测机制、公开的鉴定机制、公开的反馈机制以及公开的合作规范为主的制度性信任，辅以社会关系的制约与在长期的关系互动中累积起来的集体身份认同为主要特征的关系性信任，加之抵押、担保、退出机制和其他惩罚性措施一起构成了组织间信息系统治理的信任机制。为此，企业应当充分利用信任机制开展互联互通，政府应当完善有关的法律和行政管理规定，完善社会的监督机制，营造企业间信息系统互联互通的合作环境。

6. 组织间信息系统的发起企业，往往是网络中的核心企业，在 IOS 权力结构中居于主导地位，也就有较强的影响甚至支配其他企业的权力。首先，核心企业应当利用其非强制性的权力来吸引和鼓励潜在采纳者的加入，通过改变潜在采纳者的认知，建立相互信任的氛围，巩固和加强彼此的关系，形成 IOS 所有成员企业都能获利的多赢局面；其次，核心企业对 IOS 的采纳，会驱使利益伙伴加入。第三，核心企业与骨干企业共同构成了企业网络中的骨干网，骨干网为网络成员提供了创造价值与分享价值的基础平台，同时，核心企业要与骨干企业加强合作，共同对 IOS 的运行实施监督和激励。

7. 标准是组织间信息系统的技术规范和管理规范，是企业间相互作用的一种协调机制，企业之间通过标准实现互联互通和流程优化，相互合作从而产生出网络效应。标准决定着企业对组织间信息系统的采纳行为。

企业之间的合作实际上可以理解为它们遵守一种共同的标准，这种做法可以产生网络效应，从而产生多赢的局面。标准也是 IOS 的一种治理手段，它体现了 IOS 的一系列规则、规范和程序。IOS 的成员企业只有自觉遵守这些标准，才能享受到随着成员企业的不断增加而致的网络效应，IOS 才能协调运行。一方面，应当注重互联互通技术标准的建立；另一方面，也要加强管理标准的建设。由于经营管理标准涉及企业内和企业间的流程，涉及企业文化和企业间关系，涉及不同的行业特点。因此，核心企业应当利用其影响力，通过建立和公开标准，做好标准的普及工作，使潜在的采纳者有章可循，便于组织间信息系统的扩散与吸收。政府应鼓励支持核心企业加强标准研究，促进企业信息平台的相互联通、数据兼容和格式统一，促进管理规范的统一，在标准的普及工作中发挥积极的作用。政府应鼓励和敦促行业协会开展标准的制订和普及工作。

8. 组织间信息系统的采纳不仅仅是某一时刻的决策行为，而应是一个动态循环的过程，企业以取得合作优势为采纳组织间信息系统的出发点，企业间合作的结果又会影响着企业对组织间信息系统的选择和采纳。

面向个体和组织内信息系统采纳的 TAM 和 TOE 等模型，关注的是对信息系统购买决策行为的影响因素。但是，即便组织正确地做出了对 IOS

的投资决策，并不一定就能保证IOS顺利地成功地运行和应用，而这对组织间信息系统却是至关重要的。因此，组织间信息系统的采纳还要关注企业作出采纳决策之后组织间信息系统的运行和管理等问题，要关注企业间的合作绩效，合作绩效的优劣会影响下一个合作周期企业的采纳行为。强调技术采纳的过程观还启示我们，要扭转企业信息化实践中的只重投资建设，不重运行管理的被动局面。

9. 政府的政策、导向、社会潮流等形成企业对组织间信息系统采纳的驱动力。政府通过对企业的政策支持，采用“政府搭台，企业唱戏”等方式，调动“重点企业”、“骨干企业”的积极性，由此强化中小企业对“重点企业”、“骨干企业”的权力、信任等认知，对促进组织间信息系统的采纳有重要的作用。大力发展电子政务也是促进企业采纳组织间信息系统的一种方法，例如，在网上报税、招投标等许多企业日常经营活动中，虽然政府并不强制企业采纳相应的信息系统，但企业出于经营成本和机会成本的考虑会做出采纳选择。社会舆论、社会潮流等也会改变企业的感知，成为组织间信息系统采纳的驱动力。

7.3 研究局限

1. 本书对两个组织间信息系统进行了调研，如能选择更多的不同行业的案例，研究的效度将会更好。这主要受困于时间、精力和经费等方面的限制。

2. 本书识别出了影响组织间信息系统采纳的诸多因素，但这些因素哪些是最关键的？具体某一因素与采纳的相关程度如何？由于受案例研究方法的限制，对于这些问题难以给出量化的回答。

3. 受目前国内企业信息化水平的限制，大多数企业还不具备利用组织间信息系统进行合作的特征，如能找到足够的样本空间，采用抽样统计调查方法进行变量间的量化分析，其结果可能更好。

4. 本书主要聚焦在组织间信息系统的采纳影响因素上，也从采纳的过程观考察了组织间信息系统的协调和治理。进一步的研究可以从组织间信息系统的实施过程进行更深入的详细的调研。

参考文献

1. ［美］拜瑞·J. 内勒巴夫，亚当·M. 布兰登勃格：《合作竞争》，安徽人民出版社 2000 年版。

2. 刘震宇著：《企业之间的联系与通信》，中国人民大学出版社 2002 年版。

3. 薛华成著：《管理信息系统》，清华大学出版社 2003 年版。

4. 陈禹著：《信息系统分析与设计》，高等教育出版社 2005 年版。

5. 陈国青、陈禹著：《中国高等院校信息系统学科课程体系 2005》，清华大学出版社 2005 年版。

6. 钟铭、王延章："企业间信息系统的定义和分类研究"，《大连理工大学学报（社会科学版）》，2004 年第 4 期。

7. 张耕、刘震宇："组织际信息系统采用研究的动态观"，《信息系统协会中国分会第一届学术年会论文集——中国信息系统研究与应用前沿》，清华大学出版社 2005 年版。

8. 刘震宇："组织际信息系统及其经济分析的若干进展"，《科技导报》，2000 年第 5 期。

9. 仲伟俊、陶青、梅姝娥："企业间电子商务的战略规划方法研究"，《管理科学学报》，2002 年第 2 期。

10. 袁斌、唐跃军："供应链上跨组织系统的效用分析"，《工业技术经济》，2004 年第 1 期。

11. 严建援、徐斌："跨组织信息系统对合作组织之间关系的影响"，《中国软科学》，2005 年第 3 期。

12. 王颖、王方华："跨组织信息系统的组织结构效应研究"，《情报杂志》，2006 年第 2 期。

13. 冯彦杰、王浣尘：《复杂性科学研究进展》，科学出版社 2004 年版。

14. ［美］米歇尔·沃尔德罗普著，陈玲译：《复杂——诞生于秩序与混沌边缘的科学》，生活·读书·新知三联书店 1997 年版。

15. 张培林等：《自然辩证法简明教程》，科学出版社 1998 年版。

16. ［美］霍兰·约翰著，周晓牧等译：《隐秩序——适应性造就复杂性》，上海科技教育出版社 2001 年版。

17. 陈柳钦：“分工协作、交易费用与产业集群”，《西华大学学报（哲学社会科学版）》，2006 年第 5 期。

18. 卢现祥：《新制度经济学》，中国发展出版社 1996 年版。

19. 张五常：《企业的契约性质》，商务印书馆 2000 年版。

20. 周其仁：“市场里的企业：一个人力资本与非人力资本的特别合约”，《经济研究》，1996 年第 6 期。

21. 孙耀君：《西方管理思想史》，山西人民出版社 1997 年版。

22. ［美］C.I. 巴纳德：《经理人员的职能》，中国社会科学出版社 1997 年版。

23. ［美］赫伯特·A. 西蒙：《管理行为》，机械工业出版社 2004 年版。

24. 林润辉著：《网络组织与企业高成长》，南开大学出版社 2004 年版。

25. ［美］安娜·格兰多里著：《企业网络：组织和产业竞争力》，中国人民大学出版社 2005 年版。

26. 刘东等：《企业网络论》，中国人民大学出版社 2003 年版。

27. ［美］高哈特等著：《企业蜕变》，经济管理出版社 1998 年版。

28. 李茵：“跨组织信息系统理论探索”，《中国科技信息》，2005 年第 16 期。

29. ［美］格拉诺维特：“经济行动与社会结构：嵌入性问题”，《社会理论论坛》，1997 年第 2 期。

30. 莫洛·F. 纪廉等著：《新经济社会学》，社会科学文献出版社 2006 年版。

31. 赵昆：“国内外信息技术用户接受模型研究现状分析”，《信息技术采纳：理论发展与中国实践》，电子科技大学出版社 2006 年版。

32. 陈文波、黄丽华:“组织信息技术采纳的影响因素研究述评”,《软科学》,2006 年第 3 期。

33. 付静、杨小平:“小型企业 IT/IS 采纳决策行为研究述评”,载《信息技术采纳:理论发展与中国实践》,电子科技大学出版社 2006 年版。

34. 陈国青、[德] 雷凯著:《信息系统的组织·管理·建模》,清华大学出版社 2002 年版。

35. 毕新华、于翠玲:“信息技术吸纳能力及其概念模型研究”,《信息技术采纳:理论发展与中国实践》,电子科技大学出版社 2006 年版。

36. 安利平、严建援、杨涛:“基于供应链流程优化的信息技术采纳研究”,载《信息技术采纳:理论发展与中国实践》,电子科技大学出版社 2006 年版。

37. 陈文波、黄丽华:“组织复杂信息技术吸收的探索性案例研究”,《清华大学学报(自然科学版)》,2006 年增刊 1。

38. 张楠、郭讯华、陈国青:“行为建模角度的信息技术采纳研究:发展阶段和未来方向”,载《信息技术采纳:理论发展与中国实践》,电子科技大学出版社 2006 年版。

39. 刘文雯、高平、徐博艺:“企业信息技术采纳行为研究综述”,《研究与发展管理》,2005 年第 3 期。

40. 李怡文:“企业 IT/IS 采纳决策行为模型分析”,《现代管理科学》,2006 年第 2 期。

41. 陈文波、黄丽华:“组织信息技术采纳的影响因素研究述评”,《软科学》,2006 年第 3 期。

42. 吴春明、赵晶、夏靓:“企业信息技术采纳影响因素的实证研究”,《信息技术采纳:理论发展与中国实践》,电子科技大学出版社 2006 年版。

43. 张玉林等:“信息部门服务品质度量的实证研究”,《信息技术采纳:理论发展与中国实践》,电子科技大学出版社 2006 年版。

44. 宋振晖、邓超:“企业信息化技术采纳理论的发展现状分析”,《信息技术与标准化》,2005 年第 1—2 期。

45. 蒋峦、谢卫红、蓝海林:“组织柔性结构的演进及其演进的理论诠释”,《中国软科学》,2005 年第 3 期。

46. 马艳峰、王雅林："基于IT能力的企业信息化非技术影响因素研究"，《商业研究》，2006年第3期。

47. ［美］安娜·格兰多里主编、刘刚等译：《企业网络：组织和产业竞争力》，中国人民大学出版社2005年版。

48. 罗家德：《NQ风暴：关系管理的智慧》，社会科学文献出版社2002年版。

49. 朱彬、赵林度："企业网络化与关系治理机制探讨"，《现代管理科学》，2005年第10期。

50. 林闽钢："社会学视野中的组织间网络及其治理结构"，《社会学研究》，2002年第2期。

51. 科斯、诺斯、威廉姆森：《制度、契约与组织（新制度经济学名著译丛 第二辑）》，经济科学出版社2003年版。

52. 刘军：《社会网络分析导论》，社会科学文献出版社2004年版。

53. 周鹏：《标准化、网络效应以及企业组织的演进》，东北财经大学出版社2005年版。

54. 曲刚、季少波、韩维贺、闵庆飞："环境不确定条件下组织间协作、IT采用及协作绩效关系研究"，载《信息技术采纳：理论发展与中国实践》，电子科技大学出版社2006年版。

55. ［美］罗伯特·K. 殷著，周海涛主译：《案例研究设计与方法（第3版）》，重庆大学出版社2004年版。

56. 叶为金、王骏："连锁经营——主导家电销售的主渠道"，《家电科技》，2004年第8期。

57. 葛建华："业态创新改变市场竞争格局"，《财贸经济》，2006年第6期。

58. 王军、刘玉煌："铁路客票发售和预订系统"，《中国铁道科学》，2001年第3期。

59. 金明东、刘晓岚："铁路客票销售网络的建设与发展研究"，《陕西工学院学报》，2003年第4期。

60. 马钧培："中国铁路信息化建设与展望"，《交通运输系统工程与信息》，2005年第5期。

61. Reekers N, and Smithson S. EDI in Germany and the UK: strategic and operational use [J]. *European Journal of Information Systems*,

1994, 3 (3).

62. Kaufman, Felix, Data System That Cross Company Boundaries, *Harvard Business Review*, 1966, Jan. 141.

63. Barrett and Konsynski, Interorganization Information Sharing System, *MIS Quarterly* Vol. 6 Special issues, December, 1982, 93 - 104.

64. Cash, James I, & Konsynski, Benn R, IS Redraws Competitive Boundaries, *Harvard Business Review*, Mar/Apr 1985.

65. KENG SIAU, Interorganizational System and Competitive Advantages—Lessons From History, [J]. *Journal of Computer Information System*, Fall 2003, 33 - 39.

66. McFarian F. W., McKenney J. L, The Information Archipelago - Governing the New World, *Harvard Business Review* Vol. 61, No. 4, 91 - 99.

67. Henderson, J. C, Venkatraman, N. Strategic Alignment: Leveraging Information Technology for transforming organizations [J], *IBM Systems Journal*, 1993, 32 (1), 472 - 484.

68. Kaufman, Felix, Data System That Cross Company Boundaries, *Harvard Business Review*, 1966, Jan. 141.

69. Barrett and Konsynski, Interorganization Information Sharing System, *MIS Quarterly* Vol. 6 Special issues, December, 1982, 93 - 104.

70. Barrett, S, An IS case: the closeed loop scenario, *Information and Management*, 1985, Vol. 10 No. 5, 263 - 269.

71. Cash, James I, & Konsynski, Benn R, IS Redraws Competitive Boundaries, *Harvard Business Review*, Mar/Apr 1985.

72. Johnson H. R., Vitale M. R., Creating competitive advantage with Interorganizational Information System, *MIS Quarterly*, 1988, June, 153 - 165.

73. Hong, I. B., A New Framework for Interorganizational System Based on the Linkage of Participants' Roles, *Information System Management*, 2000, Summer, 56 - 59.

74. Barrett and Konsynski, Interorganization Information Sharing System, *MIS Quarterly* Vol. 6 Special issues, December, 1982, 93 - 104.

75. Johnson H. R., Vitale M. R., Creating competitive advantage with nterorganizational Information System, *MIS Quarterly*, 1988, June, 153 - 165.

76. Meier. J. and Sprague. R. H. Jr, The evolution of interorganizational system, *Journal of Information Technology*, 1991, Vol. 6. pp. 84 - 91.

77. Hong, I. B., A New Framework for Interorganizational System Based on the Linkage of Participants' Roles, *Information and Management*, 2002, Vol. 39, 261 - 270.

78. Poter M. E., Millar V. E., How information gives you competitive advantage, *Harvard Business Review*, 1985, 63 (4), 149 - 160.

79. Konsynski, B. R., and McFarian, E. W., Information Partnership—Shared Data, Shared scale, *Havard Business Review*, 1990, Sep. - Oct., 114 - 120.

80. Jelassi, T. and Figon, O., Competing through EDI at Brun Passot: Achievements in France and ambitions for the single European market, *MIS Quarterly*, 1994, Vol. 18, No. 4, 337 - 352.

81. Powell, T. C., and Dent - Micallef, A. IT as Competitive Advantage: The Role of Human, Business, and Technoledge Resources, *Strategy Management Journal*, 1997 (18: 5), 375 - 405.

82. Kumar. K. and Van Dissel, H. G., Sustainable collaboration: managing conflict and cooperation in interorganizational system, *MIS Quarterly*, 1996, Vol. 20, No3, pp. 279 - 300.

83. Thompson, *J*, *Organization in Action*, *McGraw* - Hill, New York, NY.

84. Kumar. K. and Van Dissel, H. G., Sustainable collaboration: managing conflict and cooperation in interorganizational system, [J]. *MIS Quarterly*, 1996, Vol. 20, No3, pp. 279 - 300.

85. Grosvenor, F. and Austin, T. A. Cisco's eHub intiative, [J]. *Supply Chain Management Review*, July/August, 28 - 35.

86. King, J., Share IS secrects, *Computerworld*, 1996, Vol. 30, No. 39, Sep. 23.

87. Nonka, T. and Konno, N. The concept of 'Ba' Building a foundation for knowledge creation, *California Management Review*, 1998, Vol. 40 No. 3, 40 - 55.

88. Payton, F. C. and Brenna, P. F., How a community health information network is really used, *Communation of the ACM*, Vol. 42 No. 12, pp. 85 - 89.

89. Hong and Kim, Toward a new framework for interorganizational system: a network configuration perspective, 1060 - 3425/98, 1998 *IEEE*.

90. Cooper, R. B. and Zmud, R. W., Information Technology Implementation Research: A Technology Diffusion Approach, *Management Science*, 1990, 36 (2), 123 - 139.

91. Kurnia S., Johnston R. B., The need for a processual view of interorganizational systems adopt [J]. *Journal Strategic Information System*, 2000, 9: 295 - 319.

92. Kumar, R. L., Cook, C. W., A multi - disciplinary framework for the management of interorganizational system, [J]. *Database for Advances in information system*, 1999, 30 (1), 22 - 37.

93. Iacovou, C., Benbasat, I., and Dexter, A., Electronic Data Interchange and small organizations: adopt and impact of technology. *MIS Quarterly*, 1995, 465 - 485.

94. Premkumar G., and Ramamurthy K., The role of interoganizational and organizational factors on the decision mode for adoption of interorganizational system, [J]. *Decision Sciences*, 1995, Vol. 26 No. 3, 303 - 335.

95. Jones, M. C. and Beatty, R. C., Towards the development of measures of perceived benifita and compatibility of EDI: A comparative assessment of competing first order factor models, *European Journal of information systems*, 1998, July. 210 - 220.

96. Iacovou, C., Benbasat, I., and Dexter, A., Electronic Data Interchange and small organizations: adopt and impact of technology. [J]. *MIS Quarterly*, 1995, 465 - 485.

97. Arunachalam V., EDI: An Analysis of Adoption, Uses, Benefits and Barriers, [J]. *Journal of System Management*, 1995, March/April, 60

-70.

98. Clark, T. H., D. B. Stoddard, Interorganizational Business Process Redesign: Merging Technological and Process Innovation, [J]. *Journal of Management Information System*, 1996, 13, 2, 9-28.

99. Kambil A., Short J. E., Electronic integration and business network redesign, [J]. *Journal of Management Information System*, 1994, 10, 4.

100. Lee, H. G. and Clark, T. H., Market process reengineering through Electronic Market System: Opportunities and Challenges, [J]. *Journal of Management Information System*, 1996-1997, winter, 13 (3), 113-136.

101. Peekers N. and Smithson S., The role of EDI in interorganizational coordination in the European Automotive Industry, [J]. *European Journal of Information System*, 1996, 5, 120-130.

102. Hart, P. J., and Saunders, C. S., Power and Trust: Critical Factors in the Adoption and Use of Electronic Data Interchange, [J]. *Organization Science*, 1997, Jan. -Feb., (8: 1), 23-42.

103. Martin Grossman., The Role of Trust and Collaboration in the Internet-enabled Supply Chain, *Journal of American Academy of Business*, Cambridge Hollywood: Sep 2004. Vol. 5, Iss. 1/2, 391-396.

104. Helle Zinner Henriksen., Motivators for IOS Adoption in Denmark, [J]. *Journal of Electronic Commerce in Organizations.* Hershey: Apr-Jun 2006. Vol. 4, Iss. 2.

105. Kurnia S., Johnston R. B. A review of approaches to EC-enabled IOS adoption studies [A]. *Proceeding of the 35th Hawai International Conference on System Science* [C]. Hawaii: IEEE press, 2002.

106. Martin Grossman., The Role of Trust and Collaboration in the Internet-enabled Supply Chain, [J]. *Journal of American Academy of Business*, Cambridge Hollywood: Sep 2004. Vol. 5, Iss. 1/2.

107. Malone, T. W., Yates, J., and Benjamin R. L., Electronic markets and electronic hierarchies, [J]. *Communication of the ACM*, June, 1987, 30, 6, 484-497.

108. Brynjolfsson, E. , T. , W. Malone, V. Gurbaxani, A, Kambil, Does Information Technology Lead to Smaller Firms? [J] . *Management Scinece*, 1993, 40 (12).

109. Malone, T. W. , & Rockart, J. F. , Information Technology and the new organization, *Proceedinga of the Hawaii International Conference on System Science*, 1992.

110. Malone, T. W. , Yates, J. , and Benjamin R. L. , Electronic markets and electronic hierarchies, *Communication of the ACM*, June, 1987, 30, 6, 484 -497.

111. Steinfield C. , Kraut R. , Plummer A. , The impact of interorganizational networks on buyer - seller relationships, [J] . *Journal of Computer - Mediated Communication*, 1999, 1, 3.

112. Johnston, Russell and P. R. Lawerence, Beyond Vertical Intergration—the Rise of the Value Added Partnership, *Harvard Business Review*, 1988, July - Aug. , 94 - 101.

113. Holland, C. , Lockett, G. ,: Mixed Mode Operation of Electronic Markets and hierarchies, in: Ebers, M. (Hrsg): *Proceedings of the workshop on: "Interorganizational Networks: Strucures and Processes"*, Berlin, Sep. 1993; Paderborn 1994.

114. Kurnia S. , Johnston R. B. A review of approaches to EC - enabled IOS adoption studies [A]. *Proceeding of the 35th Hawai International Conference on System Science* [C]. Hawaii: IEEE press, 2002.

115. Mukhopadhyay, Triads; Kekre, Sunder. , Strategic and operational benefits of Electronic intergration in B2B procurement processes, [J] . *Management Science*, 2002, Vol. 48 Issus 10, 1301 -1313.

116. Malone, T. W. , Yates, J. , and Benjamin R. L. , Electronic markets and electronic hierarchies, [J] . *Communication of the ACM*, June, 1987, 30, 6, 484 -497.

117. Sokol, P. K. From EDI to Electronic Commerce: A Business Initiative, McGraw - Hill: New York, 1995.

118. Aggarwal, R. , Rezaee, Z. and Soni, R. , Internal control considerations for global electronic data interchange, [J] . *International Journal*

of Commerce and Management, 1998, Vol. 8 Nos 3/4, 71 – 84.

119. WILLIAM GOLDEN & PHILIP POWELL, Interorganizational information Systems as Enablers of organizational Flexibility, [J]. *Technology Analysis & Strateggic Management*, Vol. 16, No. 3, 299 – 325, SEP. 2004.

120. Jason Dedrick & Kenneth L. kraemer, The Impacts of IT on Firm and Industry Structure, [J]. *California Management Review*, VOL. 47, NO. 3 Spring 2005.

121. Gell – Mann, M.. The Quark and the Jaguar: Adventures in the Simple and the Complex. W. H. Freeman and Company, New York. (1994).

122. Levin, S. A Fragile Dominion: Complexity and the Commons. Perseus Books, Reading. 1999.

123. Malone, T. W., Yates, J., and Benjamin R. L., Electronic markets and electronic hierarchies, [J]. *Communication of the ACM*, June, 1987, 30, 6, 484 – 497.

124. Clemons, E. and Reddi, S., Some proposition regarding the role of information technology in the organization of economic activity, *Hwaii International Conference on System Science*, Vol. 4, Maui IEEE Compute Society Press, 1993.

125. Gurbaxan, V. and S. Whang, The Impact of Information System on Organization and Markets, [J]. *Communication of the ACM*, 34 (1) 1991, 59 – 73.

126. Oliver Christine, Determinants of Interorganizational Relationships: Intergration and Future Directions, [J]. *Academy of Management Review* (15) 1990, 241 – 265.

127. Hu P. J., Chau P. Y. K., et al. Examining the technology acceptance model using physician acceptance of telemedicine technology [J]. *Journal of Management Information System*, 1999, 16 (2), 91 – 112.

128. Davenport T H., Information Ecology [M]. New York: Oxford University Press, 1997.

129. Davis, F. D., Bagozzi, R. P., and Warshaw, P. R. User Acceptance of Computer Technology Models, [J]. *Management Science*, 1989, 35 (8), 982 – 1003.

130. EM. Rogers. *Diffusion of Innvvations* [M]. New York: The Free Press, 1995.

131. Venkatesh, A, Morris, M. G, and Davis, GB. User Acceptance of Information Technology: Toward a Unified View, [J]. *MIS Quarterly*, 2003, 27 (3): 425 -478.

132. Legrisa P, Ihghamb J, Collerettec P. Why do people use information technology? A critical review of the technology acceptance model [J]. *Information & Management* 2003 (40), 191 -204.

133. Siau K. and Shen Z. Building Customer Trust in Mobile Commerce [J]. *Communication of the ACM*, 2003, 46 (4), 91 -94.

134. Cooper, R. B. and R. W. Zmud, Information Technology Implementation Research: A Technological Diffusion Approach [J]. *Management Science*, 1990, 36 (2), 123 -139.

135. T H Kwon, R W Zmud. Unifying the Fragmented Model of Information System Implementation [A] R J Boland and R A Hirschheim. *Critical Issues in Information System Research* [M] John Wily & Sons: New York, 1987.

136. Riemenschneider, C. K., Harrison, D. A., and Mykytyn, P. P. Understanding IT Adoption Decision in Small Business: Intergrating Current Theories, [J]. *Information & Management*, 2003, 40, 269 -283.

137. M. Rogers. *Diffusion of Innvvations* [M]. New York: The Free Press, 1995.

138. Eveland, J D and L G Tornatzky. The Deployment of Technology [A]. *The Processes of Technological Innovation.* [C] Lexington Books: Lexington, 1990, 117 -148.

139. Zhu, K., Xu, S., and Gibbs, Jason, D. Assessing Drivers of E -Business Value: Results of A Cross - Country Study [A] *Proceedings of the twenty forth International Conference on Information Systems* [C], Seatttle, 2003.

140. Xu, S., Zhu, K., and Gibbs, J. Global Technology, Local Aaoption: A Cross - Country Investigation of Internet Adoption by Companies in the United States and China [J]. *Electronic Market*, 2004, 14 (1), 13 -24.

141. Schwieger, D., Melcher, A., Ranganathan, C., Wen, H. J., Appropriating Electronic Billing Systems: Adaptive Structuration Theory Analysis, *Human Systems Management*, 2004 (23), 235 - 245.

142. Mario M Caldeira, John M Ward. Using resource - based theory to interpret the successful adoption and use of information systems and technology in manufacturing small and medium - sized enterprises, [J]. *European Journal of Information Systems Basingstoke*: Jun 2003. Vol. 12, Iss. 2, 127 - 141.

143. McNurlin, B. c., and Sprague, R. h., Jr. *Information System Management in Practice*, Prentice Hall, Upper Saddie River, New Jersey, 1998.

144. Lacovou, C. L., Benbasat, I., and Dexter, A. S., Electronic data interchange and small organizations: Adoption and impact of technology, *MIS Quarterly* (19: 4), 1995, 465.

145. Crum, M. R., Premkumar, G., and Ramamurthy, K. An assessment of motor carrier adoption, use, and satisfaction with EDI, *Transportation Journal* (35: 4), 1996, 44.

146. McNurlin, B. c., and Sprague, R. h., Jr. *Information System Management in Practice*, Pretice Hall, Upper Saddie River, New Jersey, 1998.

147. Bensaou, M., and Venkatraman, N. Inter - organizational relationships and information technology: A conceptual systhesis and a research framework, [J]. *European Journal of Information System* (5: 2), 1996, 84 - 91.

148. Soliman, Khalid S. and Janz, Brian D., An exploratory study to identify the critical factors affecting the decision to establish Internet - based interorganizational information system, [J]. *Information and Management* 41, 697 - 706.

149. Premkumar, G., Ramamurthy, K., The Role of Interorganizational and Organizational Factors on the Decision Mode for Adoption of Interorganizational System, [J]. *Decision Sciences*; May/Jun 1995, Vol. 26 Number 3, 303 - 336.

150. Sabherwal, Suzanne Rajiv and Kirs, Peeter, The Alignment between Organizational Critical Success Factors and Information Technology Capability in Academic Institutions, [J]. *Decision Science*. Vol. 25, No. 2, 301 -330.

151. Lei Chi; Clyde W Holsapple, Understanding computer - mediated interorganizational collaboration: a model and framework, [J]. *Journal of Knowledge Management*; 2005; 9, 1; ABI/INFORM Global pg. 53.

152. Rogers, E. M. *Diffusion of Innovations* (*Fourth Edition*) [M]. The Free Press, New York, USA, 1995.

153. Dutton, J., & Duncan, R. Recreation of momenturm for change through the process of strategic issue diagnosis. [J]. *Strategic Management Journal*, 1987, 8 (3), 279 -295.

154. Orlikowski, W. J., The Duality of Technology: Rethinking the Concept of Adapative Structuration Theory. *Organization Science*, 1994, 5 (2), 121 -147.

155. Pouloudi, A. Information technology for collaborative advantage in heaith care revisited, *Information and Management*, 1999, Vol. 35, 345 -356.

156. Kumar, K., Van Dissel. H. G. and Bielli, P., The merchant of Prato - revisited: toward a third rationality of information system, *MIS Quarterly*, 1998, Vol. 22 No. 2, 199 -226.

157. Lacovou, C. L., I. Benbasat, A. S. Dexter. Electronic data interchange and small organizations: Adoption and impact of technology. *MIS Quarterly* 1995, 19 (4), 465 -485.

158. Hong and Kim, Toward a new framework for interorganizational system: a network configuration perspective, 1060 -3425/98, 1998 IEEE.

159. Whinston, Andrew B., Geng, Xianjun, OPERATIONALIZING THE ESSENTIAL ROLE OF THE INFORMATION TECHNOLOGY ARTIFACT IN INFORMATION SYSTEMS RESEARCH: GRAY AREA, PITFALLS, AND THE IMPORTANCE OF STRATEGIC AMBIGUITY., *MIS Quarterly*; Jun 2004, Vol. 28 Issue 2, 149 -159.

160. McFarlan, F. W. Information Technology Changes the Way You

Compete, *Harvard Business Review*, May – Jun 1984.

161. Bharadwaj, A. S. A Resource – Based Perspective on Information Technology Capability and Firm Performance: An Empirical Investigation [J]. *MIS Quarterly*, 2000, 24 (1), 169 – 196.

162. Pitts, J. M. Really working together. *EDI World*, 1991, 1 (11), 18.

163. Barter, N. F. Hubs and spokes: A paradigm shift, *EDI World*, 1991, 1 (11), 6 – 9.

164. Sawabini, S. EDI and the Internet, *Journal of Business Strategy* (22: 1), 2001, 41 – 43.

165. Helle Zinner Henriksen, Motivators for IOS Adoption in Denmark, [J] *Journal of Electronic Commerce in Organizations*, Apr – Jun 2006, 4, 2, 25.

166. D. Avison, P. Powell, J. Keen, J. Klein & S. Ward, Addressing the need for flexibility in information system, *Jounal of Management System*, 7 (2), 1965, 43 – 60.

167. Volberda, H W., Toward the Flexibity Form: How to Remain Vital in Hypercompetitive Enviroments. *Org. Sci.* 1996, 7 (4), 359 – 374.

168. A. Boynton, Achieve dynamic stability through information technology, *California Management Review*, Winter 1993, 58 – 77.

169. K. Prager, Management for Flexibility: the new role of the aligned IT organization, *Information Systems Management*, Fall 1996, 41 – 46.

170. H. Lucas & M. Olson, The impact of information technology on organizational flexibity, *Journal of Organizational Computing*, 4 (2), 1994, 155 – 176.

171. W. Golden & P. Powell, Inter – organizational Information System as Enablers of Organizational Flexibility, *Technology Analysis & Strategic Management*, Vol. 16, No. 3, 299 – 325, Sep. 2004.

172. Cash, J. I., McFarlan, W. F., McKenney, J. L., & Applegate, L. M. Corporate information system management: Text and cases (3rd ed.). Homewood, IL: IRWIN, 1992.

173. G. Premkumar & K. Ramamurthy, The Role of Interorganizational

and Organizational Factors on the Decision Mode for Adoption of Interorganizational Systems, *Decision Science*; May/Jun 1995; 26, 3, 303 -336.

174. Davis, F. D., Bagozzi, R. P., and Warshaw, P. R. User Acceptance of Computer Technology Models, *Management Science*, 1989, 35 (8), 982 -1003.

175. Clemons, E. K., Reddi, S. P., and Row, M. C., The impact of information technology on the organization of economic activity: The "move to the middle hypothesis," *Journal of Management Information System* (10: 2), 1993, 9 -28.

176. Whang, Jaehoon, An Empirical Study of Factors Influencing Interorganizational Information Systems Implementation: A Case of the Real Estate Industry, (Doctoral Dissertation, University of Nebraska - Lincoln, 1992).

177. Thomas C. Powell, Anne Dent Micallef, Information Technology as competitive advantage: the role of Human, business, and technology resources, *Strategic Management Journal*, 1997, 18 (5), 375 -405.

178. Bharadwaj, AS: A resource - based perspective on information technology capability and on firm performance: an empirical investigation [J]. *MIS Quarterly*, 2000, 24 (1), 169 -196.

179. Zahra, S., and George, G. Absorptive Capacity: A Review, Reconceptualization and Extension [J]. *Academy Management Review*, 2002, 27 (2), 185 -203.

180. Galy, E. The Mediating Role of Organizational Learning between Absorptive Capacity and Performance in Companies Employing Enterprise Resource Planning Software [D]. The University of Texas - Pan American, 2003.

181. Szulanski, G. Exploring Internal Stickiness: Impediments to the Transfer of Best Practice within the Firm [J]. *Strategic Management Journal*, 1996, 17 (1), 27 -43.

182. Fichman, R. G, and Kemerer, C. F. The Illusory Diffusion of Innovation: An Examination of Assimilation Gaps [J]. *Information System Research*, 1999, 10 (3), 255 -275.

183. Attewell, P. Technology Diffusion and Organizational Learning: the

Case of Business Computing [J] . *Organizational Science*, 1992, 3 (1), 1 -19.

184. Fichman, R. G, and Kemerer, C. F. The Assimilation of Software Process Innovational: An Organizational Learning Perspective [J] . *Management Science*, 1997, 43 (10), 1345 -1363.

185. Miller, D. and Friesen, p. Structural change and performance: quantum vs piecemeal incremental approaches, *Academy of Management journal*, 1982, 25 (4), 867 -892.

186. Moreton, R. Transforming the organization: The contribution of information system function, Journal of Strategic information system, 1995, 4 (2), 149 -163.

187. Hammer, M. , Charmpy, *J. Reengineering the corporation: A manifesto for business revolution.* New York: Harper Collins, 1993.

188. Henderson, J. C, Venkatraman, N. Strategic Alignment: Leveraging Information Technology for transforming organizations [J]. *IBM Systems Journal*, 1993, 32 (1), 472 -484.

189. Peter Fingar, The Death of "e" and the Birth of the Real New Economy, Florida: Meghan - Kiffer Press, 2001.

190. Henderson, J. C, Venkatraman, N. Strategic Alignment: Leveraging Information Technology for transforming organizations [J]. *IBM Systems Journal*, 1993, 32 (1), 472 -484.

191. Powell, W. W. , Koput, W. and Smith - Doerr, I. Interorganizational cooperationa and the locus of innovation: networks of learning in biotechnology, *Administrative Science Quarterly*, 1996, 41, 116 -145.

192. Malone, T. W. , Yates, J. , and Benjamin R. L. , Electronic markets and electronic hierarchies, *Communication of the ACM*, June, 1987, 30, 6, 484 -497.

193. Soliman, Khalid S. and Janz, Brian D. , An exploratory study to identify the critical factors affecting the decision to establish Internet - based interorganizational information system, *Information and Management*, 2004, 41, 697 -706.

194. Thong, J Y I, An Intergrated Model of Information System Adoption

in Small Business [J]. *Journal of Management Information Systems*, 1999, 15 (4), 187 -214.

195. Dewan, S, S Michael, and C M in Firm Characteristics and Investiments in Information Technology: Scale and Scope Effects [J]. *Information Systems Research*, 1998, 9 (3), 219.

196. Granovetter Mark, "Economic Action and Social Structure: The Problem of Embeddedness." *Americ Journal of sociology*, 1997, 9 (2).

197. Doney, P. M, & Cannon, J. P. An Examination of the Nature of Trust in Buyer - Seller Relationship [J] . *Journal of Marketing* 1997, 61 (2).

198. Zaheer A., McEvily B., and Perrone V., Does Trust Matter? Exploring the Effects of Interorganizational and Interpersonal Trust on Performance, *Organization Science*, 1998, 9 (2), 141 -159.

199. Zuker, L. G. Production of trust: Institutional Sources of economic structure, Research in Organization Behavior, 1986, vol. 8, 53 -111.

200. Lei Chi; Clyde W Holsapple, Understanding computer - mediated interorganizational collaboration: a model and framework, *Journal of Knowledge Management*; 2005, 9, 1, 53 -75.

201. Hart, P. J., and Saunders, C. S., Power and Trust: Critical Factors in the Adoption and Use of Electronic Data Interchange, *Organization Science*, 1997, Jan. -Feb., (8, 1), 23 -42.

202. Hart, P. J., and Saunders, C. S., Emerging Electronic Partnerships: Ant, ecedents and Dimensions of EDI Use from the Supplier's Perspective, *Journal of Management Information Systems*, Spring 1998, Vol. 14, No. 4, 87 -111.

203. Meier, J., The Importance of Relationship Management in Establishing Sucessful Interorganizational Systems, *Journal of Strategic Information Systems*, 1995, (4: 2), 135 -148.

204. Thye, S, R., A Status Value Theory of Power in Exchange Relations, *American Sociological Review*, Vol. 21, Vol. 65, 2000, June, 407 -432.

205. Reekers N, and Smithson S. The role of EDI in interorganizational

co – ordination in the European Automotive Industry, [J]. *European Journal of Information Systems*, 1996, 5, 120 – 130.

206. Maloni, M. & W. C. Benton, Power and Influences in the Supply Chain, *Journal of Business Logistics*, 2000, Vol. 21, No. 1, 49 – 73.

207. Cox, A., Understanding Buyer and Supplier Power: A Framework for procurement and Supply Competence, *The Journal of Supply Chain Management*, 2001, Spring, 8 – 15.

208. David, P. A. & Steinmuller, W. E., Economics of Compatibility and Competition in Telecommunication Networks, *Information Economics and Policy*, 6, 217 – 242, 1994.

209. Crum, M. R., Premkumar, G., and Ramamurthy, K. An assessment of motor carrier adoption, use, and satisfaction with EDI, *Transportation Journal* (35: 4), 1996.

210. Theodore H. Clark and Ho Guen Lee, Performance, interdependence and coordination in business – to – business electronic commerce and supply chain management, *Information Technology and Management*, 2000, 1, 1 – 2, 85 – 105.

211. Jason Dedrick & Kenneth L. kraemer, The Impacts of IT on Firm and Industry Structure, *California Management Review* VOL. 47, NO. 3 Spring 2005.

212. Malone, T. W., Yates, J., and Benjamin R. L., Electronic markets and electronic hierarchies, *Communication of the ACM*, June, 1987, 30, 6, 484 – 497.

213. Nigel Melville, Kenneth Kraemer and Vijay Gurbaxani, Review: Information Technology And Organizational Performance: An Integrative Model of IT Business Value, *MIS Quarterly*, Vol. 28 No. 2, pp. 283 – 322/ June 2004.

214. Mukhopadhyay, Triads; Kekre, Sunder., Strategic and operational benefits of Electronic intergration in B2B procurement processes, *Management Science*, 2002, Vol. 48 Issus 10, 1301 – 1313.

215. Malone, T. W., Yates, J., and Benjamin R. L., Electronic markets and electronic hierarchies, Communication of the ACM, June, 1987,

30, 6, 484 -497.

216. Sokol, *P. K. From EDI to Electronic Commerce: A Business Initiative*, McGraw - Hill: New York, 1995.

217. Aggarwal, R., Rezaee, Z. and Soni, R., Internal control considerations for global electronic data interchange, *International, Journal of Commerce and Management*, 1998, Vol. 8 Nos 3/4, 71 -84.

218. WILLIAM GOLDEN & PHILIP POWELL, Interorganizational information Systems as Enablers of organizational Flexibility, *Technology Analysis & Strateggic Management*, Vol. 16, No. 3, 299 -325, SEP. 2004.

219. McFarian, F. W., G. Chen, and K. Reimers, "Digital China Holdings Limited: ERP as a Platform for Building New Capabilities", Harvard Business School Case Study, No. 9 - 302 - 080, Boston: Harvard Business School Publishing, May 21, 2002.

220. Cash, J. I., "Interorganizational Systems: An Information Society Opportunity or Threat ?", *The Information Society* 1985, 3 (3), 199 -228.

221. Swatman, P. M. C. and P. A. Swatman, "EDI System Integration: A Definition and Literature Survery", *The Information Society*, 1992, 8, 169 -205.

222. Rogers, *E. M. Diffusion of Innovations* (*Fourth Edition*) [M]. The Free Press, New York, USA, 1995.

223. W. Golden & P. Powell, Inter - organizational Information System as Enablers of Organizational Flexibility, *Technology Analysis & Strategic Management*, Vol. 16, No. 3, 299 -325, Sep. 2004.

224. Cash, J. I., McFarlan, W. F., McKenney, J. L., & Applegate, L. M. *Corporate information system management*: *Text and cases* (3rd ed.). Homewood, IL: IRWIN, 1992.

225. G. Premkumar & K. Ramamurthy, The Role of Interorganizational and Organizational Factors on the Decision Mode for Adoption of Interorganizational Systems, *Decision Science*; May/Jun 1995, 26, 3, 303 -336.

226. Bharadwaj, AS: A resource - based perspective on information technology capability and on firm performance: an empirical investigation [J]. *MIS Quarterly*, 2000, 24 (1), 169 -196.

227. Jasperson, J., Carter, P. E., and Zmud, R. W. "A Comprehensive Conceptualization of Post - Adoptive Behaviors Associated with Information Technology Enabled Work Systems," *MIS Quarterly*, 2005 29 (3), 525 - 557.

228. Limayem, M et al. How Habit Limits the Predictive Power of Intention: The Case of Information Systems Continuance, *MIS Quarterly*, 2007, 31 (4), 705 - 737.

229. Kim, S. S, Malhotra, N. K. A Longitudinal Model of Continued IS Use: An Integrative View of Four Mechanisms Underlying Post adoption Phenomena, *Management Science*, 2005, 51 (5), 741 - 755.

230. Bhattacherjee, A, Understanding information systems continuance: an expectation - confirmation model, *MIS Quarterly*, 2001, 25 (3), 351 - 370.

231. Venkatesh, V, Speier, C, Morris, M. G, User acceptance enablers in individual decision making about technology: Toward A Integrated Model, *Decision Sciences*, 2002, 33 (2), 297 - 316.

后 记

在中国人民大学攻读博士学位期间，我把“组织间信息系统的采纳与治理”作为自己博士论文的选题，并得到了我的导师陈禹先生的大力支持。在博士毕业后的两年时间里，又继续进行了相关的文献跟踪、企业访谈和顾问咨询等工作。本书是我博士论文和后续研究的阶段总结。

本书出版之际，首先要感谢我的导师陈禹教授。五年前，与陈老师素不相识，出于对陈老师学术品德和学术成就的仰慕，我报考了陈老师的博士生。在当年十五名考生，其中六人初试上“线”的情况下，陈老师给了我一次机会，我最终成为当年跟随陈老师学习的幸运者之一。每周一次的博士生例会，陈老师都用他高屋建瓴的缜密思维启发着大家的智慧。他总能用最简洁最富有逻辑的语言阐明那些我们想不清楚或者似乎想清楚了但又说不清楚的问题，他总能耐心地倾听每一个人哪怕是幼稚的想法，并洞悉其价值，给予建议和鼓励。我的博士论文从选题、研究路线直到成文，陈老师数次开会帮我分析把关，倾注了大量的心血。陈老师的学识和他严谨、淡定、谦和的为人风范是我一生追寻的目标。

我要感谢方美琪教授。方老师总以她的干练、热情、睿智和直率感染着大家。入学不久，我就参与了方老师任主编的“十五”国家级规划教材的编写，随后又在方老师任主编的两本原人事部、原信息产业部全国软件技术人员水平考试指定教材中出任副主编，其间，方老师给予了我极大的信任和鼓励。

感谢以陈老师、方老师为首的中国人民大学经济科学实验室。三年来，浸淫在两位导师一贯倡导的实验室开放、多元、包容、自由的学术氛围中，我们有幸结识了诺贝尔经济学奖获得者——实验经济学之父弗农·史密斯、法国著名系统科学家莫兰等一批国际著名的学者，我们有幸与北大、清华等诸多国内一流的学者相交流。实验室里两位导师门下的众多学友沈峰、牛东来、胡万进、殷国鹏、王蓉、张媛、叶秀敏、陈蔚珠、王亚芝、张树人、刘颖、朴春慧、孟川瑾、刘成志、刘昱、姬鸿恩、陈浩等人都给了我很大的帮助。中国人民大学商学院和信息学院的毛基业、左美云、叶向、付虹蛟、蒋洪迅、王明明等老师也给了我很多的支持。

我要感谢在我论文答辩和后续研究中给予我热情鼓励和点拨的以下各位专家，他们是：甘韧初、侯炳辉、李东、盛定宇、柳克俊、谢康、赵天寿，这些教授们为我的研究贡献了许多思想的火花。

我还要特别感谢我论文引用的二百多篇参考文献中的几百名中外学者。博士论文的研究和本书的写作过程也好似是十月怀胎一朝分娩。选题的彷徨、问题聚焦的烦躁、调研时的局促、构思时的期盼、写作中的倦怠、论文即将脱稿时的既兴奋又不安。而在这漫长的“围产”期里，是这几百名绝大多数未曾谋面的作者一直陪伴着我，他们与我一次次的“对话”，不断给我指点迷津，我从中继承、借鉴、吸收着他们的研究成果。

要感谢为我的调研提供方便和支持的企业界的朋友，没有他们的帮助我的研究就是无源之水、无本之木。要特别感谢我供职学校的领导和同事，如果没有山东财政学院科研处、人事处、计算机信息工程学院各位领导和老师的支持，我的学习和研究就难以进行，特别是，本书的出版得到了山东财政学院博士科研启动金和山东财政学院学术专著出版基金的资助，这是本书顺利出版的保障。

最后，我要感谢我的父母和朋友。父亲未能等到我读博士的那一天，但多年来父亲仿佛一直都在注视着我，一如从前的宽厚和平静，我努力传承着他的严谨、细致、讷于言、敏于行。几度清明，身在北京读博的我，竟常常不能为父亲送上一个花环，今天，谨以此书表达我对父亲迟到的纪念；感谢母亲，母亲多年来以她的自强、豁达、开朗和乐观在精神上支撑着我，在生活上无微不至地关心着我；感谢所有给予我支持和鼓励的亲人和朋友们。

吾生也有涯，而知也无涯。学海茫茫，生活才刚刚启航。

刘鲁川

2009 年 10 月 12 日于济南金鸡岭下